Edition Akzente
Herausgegeben von
Michael Krüger

Reinhard Brandt
Warum ändert sich alles?

Carl Hanser Verlag

1 2 3 4 5 12 11 10 09 08

ISBN 978-3-446-23112-2

Schutzumschlaggestaltung: Peter-Andreas Hassiepen, München
Schutzumschlagmotiv: Giorgio De Chirico, *Autumnal Meditation*, 1912,
© VG Bild-Kunst, Bonn 2008
Foto S. 7 und 196: © Rosamaria Brandt
Satz: Filmsatz Schröter, München
Druck und Bindung: Friedrich Pustet, Regensburg
Printed in Germany

Per Alice

»That *proves* his guilt, of course«, said the Queen, »so, off with –«.
»It doesn't prove anything the sort!«, said Alice. »Why, you don't even know what they're about!«
»Read them«, said the King.
The White Rabbit put on his spectacles. »Where shall I begin, please your Majesty?« he asked.
»Begin at the beginning«, the King said, very gravely, »and go on till you come to the end: then stopp.«

Inhalt

Nein

[…], daß sich der Fall so abgespielt hat, daß Gott allabendlich die Tiere und die Menschen fragte, ob sie alle da seien. Darauf antwortete man nicht, sondern lächelte Gott dem Herrn und den anderen einfach zu, reichte ihnen, soweit möglich, auch die Hände. Eines Abends jedoch blickte Eva einzig Adam an, und Adam erwiderte ihren Blick, und er sagte auf Gottes alltägliche Frage: »Nein«. Die Vierbeiner stoben vor Schrecken in ihre Höhlen und die Elstern in ihre Nester, Gott aber erbebte vor Zorn. Er beendete sogleich das Da-Sein der Menschen und warf sie hinaus, und er schlug die Tür des Paradieses zu, und das Universum wankte. Adam pochte tränenüberströmt ans Tor, Eva aber rührte ihn leicht am Arm und sagte: »Es gibt jetzt viel zu bedenken und zu tun, mein Lieber, laß uns gehen.«

Kinder

Kein kleines Kind kann sich über etwas wundern; denn um sich wundern zu können, bedarf es der Erfahrung und des Vergleichs. Der Erwachsene wundert sich gehörig, wenn der Papst leicht gebückt aus dem Fernsehapparat steigt und plötzlich im Zimmer steht, wenn ein Kaninchen im Park zu sich selbst in fließendem Englisch sagt »Oh dear! Oh dear! I shall be too late!« – für die Kinder dagegen ist es so normal wie die Schokolade beim Bäcker oder die Ankunft der Straßenbahn, warum auch nicht. Später staunen sie über den Rauch von brennendem Holz und über das kuriose Phänomen, daß die Milch im Unterschied zur Coca-Cola von lebendigen Kühen stammt.

Clownerie

Das Lachen hat seine Entwicklungsgeschichte. Das rudimentäre Lächeln des Säuglings als Reflex des Lächelns im Gegengesicht steht am Beginn, ein animalisch-humaner Reflex, der uns von den übrigen Tieren trennt und in die Einbahnstraße des *animal ridens* führt. Dann tritt das zweite glucksende, kichernde, alberne Lachen hinzu, das schon äußerlich klar von dem ersten zu unterscheiden ist und sich vom reflexhaften Zulächeln emanzipiert hat. Und dann folgt die Palette des gequälten, zu lauten, neidischen und überlegenen, zurückgebliebenen und irren und bellenden Lachens, des zu freundlichen Lachens bei erwiesener Inkompetenz, des heiteren und endlich befreiten Lachens.

Gibt es zu jedem Lachen ein korrespondierendes Weinen und Jammern und verzweifeltes Schluchzen, das sich am Ende von der Erschütterung im Lachen kaum unterscheidet? Spiegelt sich das Weinen im Lachen?

Warum lachen Kinder, wenn der Clown kommt? Sie lachen, bevor sie urteilen und reden können. Sie müssen den Clou begreifen, der in den Clownskünsten liegt und der ohne die Negation nicht möglich ist. Der Clown negiert in seinem Körper, seiner Kleidung, seinen Gesten, seinem gekonnten Nichtkönnen die Erwachsenen; ohne die Kenntnis dieser karikierenden Verneinung gibt es beim Clown nichts zu lachen. Im Zirkus werden die Großen und Erwachsenen exekutiert; ihr Sein, das sie den Kindern zeigen, löst sich auf in bloßen, angestrengten Schein – wie können Kinder *das* begreifen und sich *darüber* freuen? Freiheit und Gleichheit: Der Clown zeigt, daß alle gleich sind, die Hochgewachsenen und die Zwerge. Es ist eine geradezu artistische Kopfleistung, die das Kinderpublikum fast in den Rang des Clowns selber hebt. Die Kinderköpfe beherrschen eine mehrstellige Relation: Sie lachen über den Clown und lachen dabei die Großen aus, ihr eigentliches Opfer, dem sie unterlegen sind.

Zur Kulturgeschichte des Lächelns und Lachens gehören die griechischen *kouroi*, die Jünglinge, die siegesgewiß und verhalten lächeln, nicht zu uns, sondern aus sich, aus ihrer Kraft. Wenn es von Sokrates heißt, er habe in der Todesnacht heiter gelächelt, dann ist es ein Inneres und ein Hin zu denen, die bei ihm waren. Die homerischen Götter lachen laut bei ihren olympischen Festen, und sie weinen. Hat Buddha geweint? Christus dagegen hat nach den Dokumenten nicht gelacht; lachte sein Nacheiferer Nietzsche? An Kants Mittagstafel wurde gelacht, auch in seiner Anthropologie-Vorlesung. Das Lachen hat sich im 20. Jahrhundert als marktfähig erwiesen; kein erfolgreicher Mensch, der nicht ein uniformiert-glaziales Lachen zeigt mit freigelegten Zähnen, sie alle lachen. Wenn das Lachen der Alten laut wird, soll jemand verscheucht werden, der schon mitlacht, es ist etwas zu laut, zu leutselig, zu frei; es paßt nicht mehr, aber verstummt auch morgen.

Mein

»Es ist aber merkwürdig«, schreibt Kant, »daß das Kind, was schon ziemlich fertig sprechen kann, doch ziemlich spät (vielleicht wohl ein Jahr nachher) allererst anfängt, durch Ich zu reden, so lange aber von sich in der dritten Person sprach (Karl will essen, gehen u. s. w.), und daß ihm gleichsam ein Licht aufgegangen zu sein scheint, wenn es den Anfang macht durch Ich zu sprechen: von welchem Tage an es niemals mehr in jene Sprechart zurückkehrt. – Vorher *fühlte* es bloß sich selbst, jetzt *denkt* es sich selbst.« Zwischen den beiden Phasen gibt es eine Epoche, die zwischen dem Fühlen und Denken vermittelt: Das Kind sagt viel früher »mein« als »ich«, wenigstens in den Sprachen, die über diese beiden Begriffe oder Wörter verfügen. »Das ist mein!« gegen alle Prätendenten dieser Welt. »Ich« wäre also der Endpunkt in dem Dreischritt eines animalischen Selbstgefühls, einer Besitzanzeige und eines ultimativen »Ich, ich selbst«.

»Guck mal«, »guarda«, »mira« usw. usf.

Im Sommerbad, auf der Straße, im Kindergarten und in jedem Kinderzimmer: Ohne den Blick und Zuruf der anderen wächst kein Kind in sich selbst und die Gesellschaft hinein, sondern wird verdunkelt ins Abseits gestellt. Sieh dir das nur an! Toll! Aus dem »Guck mal« werden später die Malerei, die Plastik, die Mode und die Architektur, der Fußball, die Olympischen Spiele, das ganze Konzert der Geistes- und Körperkultur, Einsteins Physik und Bentleys Platonausgabe, die Einfälle zur Verkürzung des Fließbands und die spektakulären Überfälle auf andere Länder: »Vater, guck mal! Was *ich, ich* gemacht habe! Die Mission ist beendet! Guck doch bitte, bitte!« ruft noch der fünfzigjährige Kindskopf. Im »Guck mal« des Kinderzimmers beginnen Glück und Unglück der Lebensbahn: Da guckt wirklich jemand und muntert auf: »Super!« Oder es ist niemand da, ein Aus für die Psyche und den Körper. Und dann kurz darauf der Vergleich, mit dem nach Rousseau die Menschheit beginnt: »Guck mal«, und alle sehen hin, oder: woandershin, durch mich durch.

Kinderseelen

Kinder tollen mit der Wahrheit und Falschheit nach Lust und Laune und begreifen nicht, warum einige Erwachsene gerade auf die feinsten und schwierigsten Lügen so übel reagieren. Viele oder sehr viele oder alle Menschen erhalten ihr kindliches Gemüt und jonglieren kunstvoll zwischen Lug und Betrug und dem Bonus der Ehrlichkeit hierhin und dorthin, Opfer und Täter in den eigenen mentalen Kulissen und Spiegeln. Das falsche Lächeln war ehrlich gemeint, der Zuspruch hinein in den Abgrund war klarer Betrug, aber in der kindlichen Optik des Falschen nichts anderes als ein Scherz. Wir gewöhnen uns daran, daß der Mond kleiner sein soll als die Sonne, obwohl ihre Scheiben haargenau gleich groß sind; wir lernen seit der Antike, daß unsere Erde sich künstlich um sich selbst dreht, und nach einiger Übung begreifen wir, daß wir in zwei ineinander verstrickten Welten leben: der momenthaften mit ihren überzeugenden Einbildungen und der Ordnungswelt von Wissenschaft und Recht und Moral.

Leuchtendes Licht und Donnergepolter

Für Oskar Negt

Homer, *Odyssee* XI 593–600 (Odysseus ist in der Unterwelt)

Auch den Sisyphos sah ich, von schrecklicher Mühe gefoltert,
Einen schweren Marmor mit großer Gewalt fortheben.
Angestemmt, arbeitet' er stark mit Händen und Füßen,
Ihn von der Au aufwälzend zum Berge. Doch glaubt' er ihn jetzo
Auf den Gipfel zu drehn, da mit einmal stürzte die Last um;
Hurtig mit Donnergepolter entrollte der tückische Marmor.
Und von vorn arbeitet' er, angestemmt, daß der Angstschweiß
Seinen Gliedern entfloß und Staub sein Antlitz umwölkte.

Warum lesen nicht alle Schüler diese Verse? Wer hätte keinen Spaß an diesem »Hurtig mit Donnergepolter«? Oder Nausikaa, die zum Waschen an den Strand fährt und Odysseus trifft, oder Polyphem oder … Wie verbiestert müssen europäische Schulen sein, daß sie den Jugendlichen diese Verse vorenthalten? Oder später Pindar:

Eintagswesen! Was ist einer denn, was ist einer nicht?
Eines Schatten Traum ist der Mensch. Doch kommt ein gottgegebener Glanz,
Liegt auf ihm leuchtendes Licht und gibt ihm ein frohes Dasein.

Ironie

Sokrates, der Menschenbildner, hatte zwei Eigentümlichkeiten, die wichtige Merkpunkte für jede Erziehung sein sollten: Er lachte oder lächelte, und er war ironisch. Beides faszinierte die Hörer. Beißende Ironie kann fehlplaziert und tödlich sein; was ist die hirnstimulierende, dem Lachen nahe, freundliche Ironie?

Daß man etwas anderes sagt, als man meint, ist es noch nicht, denn das tun auch die Lügner und ein Pulk von anderen ironielosen Leuten: Alle, die zu müde sind, um ihre Meinung korrekt auszudrücken, die unzähligen Zerstreuten und dann die Heerschar von Sprechern, die mit der Sprache einfach nicht zurechtkommen. Vielleicht: Daß man sehr wohl denkt, was man sagt, aber es dennoch nicht meint? Der Advokat sagt, was er denkt, um den Prozeß zu gewinnen, aber er meint nicht, was er denkt und sagt, weil er wie alle anderen überzeugt ist, daß sein Mandant der Mörder ist, ohne Ironie. Worin also liegt der bejahend-verneinende Winkelzug der Ironie? Vielleicht so: Wer ironisch spricht, sagt etwas und gibt etwas anderes zu verstehen. Das ist richtig, aber noch zu weit, denn auch James Bond sagt, er wolle von Venedig nach Hongkong fliegen, gibt aber mit diesen Worten zu verstehen, daß er den Abend zu zweit in einer Gondel verbringen möchte. Besser wäre: Wer ironisch spricht, sagt etwas und gibt das Gegenteil zu erkennen. Die Hörer oder Leser benötigen nur die Fähigkeit, dasjenige ins mitgedachte Gegenteil zu verkehren, was direkt gesagt wird. Die Anweisung dazu liegt in einem verschmitzten Lächeln der Prosa oder Poesie. Auch das reicht freilich noch nicht, denn der Ironiker möchte, daß man seine direkte Rede schwebend im Modus des »vielleicht doch« versteht. Was durch sein Gegenteil beleuchtet wird, ist von diesem insgeheim vielleicht auch eingenommen. Ein parakonsistentes Ja und Nein; nachweisbar ist meist weder das eine noch das andere, manchmal beides, ein Spiel und ernst gemeinter Scherz.

Wann beginnen Kinder, die Ironie in der Rede ihrer intelligenten Eltern zu begreifen? Wann reden sie selbst im Modus der Ironie?

Was ist Bildung?

Bei der Beantwortung müssen wir durch zwei Extreme hindurchsteuern. Die eine Auffassung bestimmt die Bildung aus der Selbstrealisierung des Menschen, aus dem Binnenraum seiner Natur, die andere beantwortet die Frage von außen: Bildung besteht im Besitz von Kompetenzen, die morgen verlangt werden. Die erste Antwort läuft Gefahr, nach dem zeitlosen Wesen des Menschen zu suchen und in eine abseitige Innerlichkeit zu geraten, die zweite folgt der Außensteuerung durch den Markt und macht die Bildung zu einer Installation von Fähigkeiten, die vermutlich von der Industrie- und Informationsgesellschaft verlangt werden, Krippenplätze nur mit Computer.

Zwischen beidem liegt ungefähr folgende Antwort: Bildung ist die Fähigkeit, als selbstbewußte/r Weltbürger/in in der jeweiligen Zivilgesellschaft zu leben. Dazu bedarf es bestimmter Grundkenntnisse, über die alle verfügen müssen, und zugleich der Eigenentwicklung, die das jeweilige Individuum charakterisiert. Zum letzten gehört, daß man Genie und Versager sein kann und daß beides einbezogen wird in das Mitspielen in der Gesellschaft, so daß der Versager in seiner Rolle der King ist, ein allseits geachteter Depp.

Kein Mensch hat seine Erzeuger um seine Geburt gebeten. Wenn er in das Leben hinübergezogen wird und diesen Akt hinterher mit großem Geschrei kommentiert, dann liegt im Protest die Aufforderung an die Schuldigen, ihn gefälligst physisch und geistig gut zu versorgen und nach bestem Wissen und Vermögen zu einem gesunden, fähigen, sittlichen Weltbürger zu machen. Bildung ist in diesem Sinn ein globales Naturrecht, das allen positiven Gesetzgebungen zuvorliegt. Die Adressaten dieses Rechts sind erstens die Eltern, wenn sie denn vorhanden sind, und zweitens die Menschengesellschaft, die von den Staaten vertreten wird. Der Staat zwingt die Neugeborenen nach einer kurzen Säuglings-Atempause hinein in die Schule, Schulpflicht ist Rechtspflicht; die Schule formt die Schüler dazu, möglichst selbständige Bürger zu werden, mit Überspringern und Sitzenbleibern, beide haben das Recht, zu aktiven Gliedern der Gesellschaft geformt zu werden

Gebildet

Hört man in das Wort hinein, entdeckt man Folgendes: Wir bestehen aus vier Teilen, dem Erkennen, Fühlen und Wollen, und das alles zusammengefaßt in einem Körper. Das ist schon die Meinung Homers. Die Abfolge: Zuerst erkennt man etwas, das Erkannte erregt zweitens Lust oder Unlust, Attraktion oder Repulsion, und darauf folgt drittens der Wille zur entsprechenden körperlichen Handlung. Der gebildete Mensch, so folgern wir, hat aus diesen natürlichen Teilen etwas Zusammenstimmendes gemacht, wozu es freilich der Glücksumstände bedarf, deswegen die Bitte um die Einhilfe der Götter. Die Natur ist für die Bildung nicht zuständig; schon die Haustiere wie Hunde und Pferde benötigen eine gute Dressur, um mit sich und den Menschen und der Umwelt zurechtzukommen, um so mehr die Menschen selbst: Ein gutes zeitgemäßes Erkenntnistraining, eine musische Formung der Gefühle, die Erziehung zum vernünftigen Umgang mit den eigenen Entschlüssen und für den Körper Handstand und Rolle vorwärts und rückwärts.

Gedächtnis I

Auch das menschliche Gedächtnis hat seine Geschichte; etwas auswendig zu können bedeutete vor 200 Jahren etwas anderes als heute. Vor 1789 stand neben Lesen und Rechnen das Memorieren im Mittelpunkt der Elementarerziehung, später lernte man Predigten, Vorlesungen und vor allem klassische Texte möglichst im Wortlaut; Dissertationen sollten nichts Neues enthalten. Zu Platons Zeiten konnten gebildete Griechen die *Ilias* und *Odyssee* auswendig, und zu öffentlichen Rezitationen kamen Tausende zusammen. Die Formierung des Menschen durch sein Gedächtnis, die Initiation durch die geistige Einverleibung des tradierten Wissens gehört einer Vergangenheit an, auf die wir nur noch museal und historistisch verweisen, für unsere eigene Bildung und ihre Anstalten ist sie ohne Relevanz, es sei denn, man belebt sie in einer aktualisierten Form.

»Arché« heißt Anfang und Herrschaft; Herrschaft datierte sich ursprünglich an den Anfang zurück und legitimierte sich durch die Vorvorväter; die Mythen zeigen, daß jedes erfolgreiche Herrschaftshaus am Anfang göttlichen Ursprungs und deswegen zur Herrschaft berechtigt ist. Auch alles Gute und Wahre geht auf den Anfang zurück, das Böse und die Lüge werden als abtrünnig gebrandmarkt und verfolgt. Die Erinnerung an die vergangenen Taten und Leiden der Geschlechter ist also notwendig, um das Herrscherprivileg der feudalen Häuser zu stützen. Selbst revolutionäre Bewegungen wollen nur restituieren, was am Anfang war. »Als Adam grub und Eva spann, wo war denn da der Edelmann?« Luther protestiert gegen die römische Kirche, weil sie von den christlichen Anfängen abgefallen ist. Die Freiheitsbewegungen des 17. und 18. Jahrhunderts sind verbunden mit der Erstürmung der Rathäuser und Stadtarchive, in denen die anfängliche Gesellschaftsform dokumentiert ist, es ist nicht die Freiheit als solche, die gefordert wird, sondern »the old liberties«. Aus der Vergangenheit leiten sich nicht nur Herrschaft und Freiheit ab, sondern die Identität des Gemeinwesens und seiner Bürger. Die pathologischen Deformationen der IRA und der ETA zeigen noch die Macht dieser Identitätsbildungen.

Es ist günstig, die Zeitenwende von der Vergangenheit fort in die Gegenwart und Zukunft symbolisch in das Jahr 1789 zu legen; in ihm faßt sich die politische und die gedankliche Revolution der europäischen Aufklärung zusammen. Wenn

Kant die *Kritik der reinen Vernunft* von 1781 als einen Gerichtshof darstellt, vor dem sich Thron und Altar zu rechtfertigen haben, dann erklärt er die Berufung auf ererbte Herrschaft der Kirche und des Adels für obsolet; die Rechtsansprüche müssen sich republikanisch legitimieren, oder sie sind verfallen. Das politische Ergebnis dieser Zeitenwende ist die Demokratie, in der die Herrschaft aufgehoben ist in der Selbstherrschaft der Beherrschten und in der die selbst gewählte Regierung sich nicht in der Vergangenheit bewährt, sondern in der Problemlösung der Gegenwart. Wer die Probleme nicht lösen kann, wird abgewählt und ersetzt. Was zählt, ist die Fähigkeit für die Zukunft, nicht das Andenken an den Anfang. Die Einwanderungsbehörden der USA tilgten das bürgerliche Gedächtnis der Ankömmlinge: Jeder Adelstitel wurde ausgeschwärzt; der Bürger betrat die Neue Welt ohne den Ballast ungleicher Erinnerungen. Seit 1789 ist die Weltauffassung präsentistisch; was eine Person nicht im Moment zu leisten fähig ist, kann vergessen werden, es zählen nur die Gegenwart und die Zukunft, daneben gibt es einige Erinnerungsstätten und Museen für die Freizeit. Auch: »Seit die Dampfmaschine Herrin der Welt ist, ist jeder Titel eine Absurdität« (Stendhal). »I like the dreams of future better than the history of the past« (Thomas Jefferson). »Out with the old, in with the new.«

Der globale Markt eliminiert aus seinen Angeboten die Erinnerung und setzt auf den unmittelbaren Verzehr. Die Produktionsstätten können weltweit in Billigländer verlagert werden, lokale Traditionen haben allenfalls einen dekorativen Wert. Das Know-how entstammt keiner Handwerkertradition, sondern wird dem letzten Computerprogramm entnommen, das in nichts an seine anonymen Entwickler erinnert.

Kurz: Das Erinnern, das Aus- und Inwendiglernen, ist aus den Bildungsanstalten radikal eliminiert worden, weil Politik und Ökonomie ohne Erinnerung operieren. Wer für die Aktivierung des Gedächtnisses plädiert, muß sich diese Ausgangsposition vergegenwärtigen. Im Elementarbereich sind die gemeinsam auswendig gelernten Gedichte (gute Gedichte, nicht die Tagesproduktion, die morgen vergessen wird) von größtem Bildungswert für das Individuum und die Lerngruppe; den Schülern wird die Chance gegeben, sich vor der Klasse darzustellen und mimisch und rhetorisch das Gelernte zu präsentieren. In den weiteren Bildungsgängen ist das Auswendigkönnen immer noch ein unentbehrliches Mittel, Kulturtraditionen zu erhalten und neu zu erfinden. Alle Kultur ist imprägniert von ihrer Vergangenheit, die mitgehört, mitgesehen, mitgedacht werden muß, um sie beurteilen zu können.

Inhalt

Die europäischen Bildungsanstalten waren zwei Komponenten der Kultur verpflichtet und leiteten aus ihnen die verbindlichen Inhalte ab, dem Christentum und der Antike. Die Kenntnis der beiden Ursprünge war obligatorisch für alle, sei sie rudimentär durch den Elementarunterricht oder ausgefeilt und genau. Bis in das 18. Jahrhundert wurden Vorlesungen und Prüfungen und alle akademischen Dissertationen auf lateinisch verfaßt; der christliche Glaube mit seiner Orientierung in den beiden Testamenten war die selbstverständliche Voraussetzung für jede öffentliche Tätigkeit, kein Jude oder gar Heide konnte vor der Mitte des 19. Jahrhunderts Professor an einer Universität oder Minister werden. Aus beidem folgte ein unbezweifelter Kanon von Inhalten, die auswendig gelernt wurden und Faktum und Norm waren, von Sevilla bis Riga und Oslo bis Palermo. Ein Kanon beansprucht, unveränderlich zu gelten, manchmal mit der besonderen Note, im genauen Wortlaut keine Änderung zu dulden. Daher darf der Priester bei der Lesung der Heiligen Schrift nicht seinem liquiden Gedächtnis trauen und den Text auswendig vortragen, sondern das Lesen Wort für Wort ist verbindlich. Das Lateinische und Griechische waren tote Sprachen und teilten so die Unveränderbarkeit der Texte. Wo auch immer Cicero gelesen wurde, es war idealiter derselbe stabile Text. Die Neuformationen in Politik und Glauben begriffen sich grundsätzlich als Rückkehr zu den eigentlichen Ursprüngen.

Mit der Zeitenwende von 1789 sind diese Konsense aufgekündigt, die Vergangenheit ist jetzt tatsächlich vergangen und kann unverbindlich in attraktiven Museen und Ausstellungen konserviert werden. Die Exponate werden nach anderen Gesichtspunkten gewählt als dem ihrer ursprünglichen Mächtigkeit, sie sollen den Betrachter informieren und erfreuen. Der Ort ist beliebig, die Zusammenstellung auf den Besucher bezogen. Die Differenz von unverrückbarer Vergangenheit in einem festen Ritual einerseits und ihrer beliebigen Ausstellung andererseits ähnelt der Differenz von Feiertag und Ferien. Die Feiertage werden durch die allgemeine Kultur verbindlich für alle festgelegt, die Ferien können nach subjektiven Bedürfnissen auf der Zeitschiene so verteilt werden, daß ein sozialverträgliches Gleichgewicht von Arbeit und Nichtarbeit entsteht. Die Feiertage werden zu Ferien gemacht, weil ihre Herkunft vergessen ist und jeder tun und lassen kann, was er will. Im Angebot: Weihnachten in der Karibik oder in Bahrein; Ostern in Island.

In den Bildungsanstalten schwindet der normative Wert der Inhalte, die entsprechend durch beliebig andere ersetzt werden können; sie sind sowieso nur Anlässe für den Erwerb der Kompetenz, irgend etwas überzeugend darzustellen, mit PowerPoint und vielen Bildern. Dadurch wird der Inhalt selbst austauschbar, das Was ist gleichgültig, es kommt die Wirkung des Wie an. »Voltaire war kein Sultan im Orient? Nun gut, dann wählen wir ein anderes Beispiel.«

Die antike Mathematik hatte einen ontologischen Wert; sowohl Pythagoras wie auch Platon sehen in den Zahlen und geometrischen Gegenständen besonders ausgezeichnete Entitäten und Strukturen alles Seienden und des Erkennens. Der heutige Mathematiker sieht in ihnen dagegen nur effiziente Instrumente, die abgetrennt von der Anwendung keinen besonderen Rang innehaben. Zur Mathematik mag man heute eine persönliche Neigung und Begabung haben, man kann die Proportionen in der Architektur des Mittelalters und der Barockbauten bewundern, aber von einer ontologischen und epistemischen Dignität der mathematischen Objekte zu sprechen, wäre abwegig und nur Ausdruck einer Nostalgie, wir beugen das Knie doch nicht mehr. Bei Platon dagegen war das Quadrivium des siebenteiligen Bildungsganges mathematisch konzipiert, es umfaßte Zahlenlehren, Geometrie, theoretische Musik und theoretische Astronomie. »Niemand möge hier ohne Geometrie eintreten« soll über dem Tor der Akademie gestanden haben. Alle Bildung bezog sich auf genau festgelegte Inhalte, die in sich den Bildungswert enthielten – eine von ihnen gelöste Kompetenz-Didaktik und Bild-Pädagogik war nicht möglich, die unveränderlichen Inhalte selbst waren Seelenführer.

Negation

Man kann zweierlei bemerken: Was da ist, und dann, aufwendiger und seltener, was nicht da ist. Was da ist, winkt uns zu und drängt sich auf; und dennoch: »Hören Sie den Lärm gar nicht?« »Welchen Lärm?« »Den Wasserfall [ersatzweise: den Verkehr, RB], hören Sie doch!« »Ach so, das höre ich nicht mehr, das geht den ganzen Tag so.«

Was nicht da ist, wird erst durch einen Umweg bemerkt; hören und sehen und fühlen und riechen kann man es nicht. »Der Fischadler ist in diesem Jahr ausgeblieben.« »Ach. Das habe ich nicht gesehen.« »Auch nicht die Pappeln?« »Welche?« »Die hier vor kurzem gefällt wurden.« »Ach.«

»Einer flog über das Kuckucksnest.« »Tatsächlich?«

Ein Foto: Lenin mit großer Geste auf einer Rednertribüne, das Bild verkündet die nackte, gut dokumentierte Wahrheit. Und doch ist es eine Lüge der Partei, denn neben Lenin stand ursprünglich Trotzki, der später in Ungnade fiel und aus der Geschichte und dem Foto weggeschwärzt wurde. Um das Bild beurteilen zu können, muß man seine ausgelöschte Vergangenheit kennen, das bloße Hinsehen und Lesen genügt nicht, weil das Sehen keinen Zugang zur Negation hat, die nur das Denken und die vom Denken geleitete Erkenntnis entdeckt.

The King: »They are both gone to the town. Just look along the road, and tell me if you can see either of them.«

»I see nobody on the road,« said Alice.

»I wish *I* had such eyes,« the King remarked in a fretful tone. »To be able to see Nobody! And at that distance too!«

Der Mensch unterscheidet sich von den Tieren durch die Fähigkeit des Denkens oder Urteilens. Urteilen und Denken ist nur möglich, wenn Bejahung *und* Verneinung gleichermaßen präsent und möglich sind und die Freiheit der Reflexion genau dort eintritt, wo die Natur aufhört. Denken ist gebunden an das einzelne Subjekt, und dieses kann nur denken, wenn es dasselbe sowohl bejahen wie auch verneinen kann – eine Freiheit, die wir Menschen haben, die wir notwendig und zwanghaft Selbstdenker sind, im Gegensatz zu allen Tieren und zu den Synapsen in unserem Gehirn; wer diese Freiheit leugnet, macht von ihr Gebrauch.

Der Biologe erkennt, welche Farben von den Bienen wahrgenommen werden und, was nur wir erkennen, welche Farben sie nicht wahrnehmen, denn in alle Ewigkeit wird keine Biene wissen, daß sie das langwellige Rot nicht sehen kann. Der Mensch kann Infrarotstrahlung nicht optisch, sondern nur als Wärme empfinden, und diesen Sachverhalt kann er, im Unterschied zu den Tieren, urteilend erkennen, aber, wie die Tiere, nicht empfinden oder wahrnehmen.

Zur Bildung gehört die Vergegenwärtigung des Nicht-da-Seienden, nicht des Beliebigen, sondern des Wichtigen. Man muß bemerken, daß in den Schulen nicht mehr gemeinsam gesungen wird, und daraus ergibt sich die Nachfrage: Warum? Das Nichtsingen läßt sich nicht hören und nicht sehen oder riechen, und trotzdem findet es statt und gehört zur Schule, der Nichtgesang. Wenn ein Knopf an der Jacke fehlt, ein Zahn im Mund, ein Auge im Gesicht, bemerken wir das Fehlende automatisch und zwanghaft; aber wenn in der Stadt keine schwarzen Leichenwagen mehr am Tage fahren, wenn es keinem Bürger mehr möglich ist, Trauerkleider zu tragen, wenn auf dem Friedhof zunehmend die Familiengräber fehlen, dann setzt das Bemerken dieser Nichtigkeiten mehr voraus. Zu dem, was da ist, gehört der Gegenpart des Fehlenden, aber nur für den, der sein Nichtsein bemerkt; wahrnehmen, sehen, hören, schmecken, riechen und anfühlen kann man es nicht. So leid es einem tut und so pathetisch es klingt: Das Nichtsein gehört nicht zum Sein, aber zu unserem Dasein.

Der gebildete Blick ist immer komparatistisch und bezieht das, was nicht da ist, durch Erinnern und Nachdenken mit ein. Zur Bildung gehört der wache Verdacht – Kuckucksnest? Wie das? Der Verdacht ist nur sinnvoll, wenn er begründet ist, und dann flächendeckend. Viele sprechen Prosa und wissen es nicht; »Prosa« – und nicht?

Vielleicht können Tiere lachen, vielleicht ist deswegen die Definition des Menschen als eines *animal risibile* zu weit, weil auch die Wale und die Lieblingskatzen lachen oder wenigstens in Andeutung lächeln können, aber sie können nicht negieren, sie können klagen, aber nicht Kritik üben wie Sokrates, Kant und Karl Marx. A propos Marx; die »nagende Kritik der Mäuse« ist bloße Metapher.

Das »Nicht« im Netz der symbolischen Formen

Über fünf oder sechs Milliarden Menschen senden dem Kanzler zu seiner Wiederwahl keinen Glückwunsch; unter ihnen ist einer, bei dem dies eine gezielte Handlung der Unterlassung ist, obwohl er nichts tut, was die fünf oder sechs Milliarden nicht auch nicht täten: Nichts. Unser erster Fall für eine erweiterte »Tafel der Nichtse«. Auf dem Titelemblem von Hobbes' *Leviathan* konvergieren Bischofsstab und Schwert des monumentalen Herrschers außerhalb des Bildes: Die letzte Einheit staatlicher und geistlicher Herrschaft, Gott, läßt sich nicht mehr bildlich darstellen; so gibt das Bild zu erkennen, was es nicht mehr zeigen kann. Die Summe gezogen: Es ist auf das zu achten, was unterlassen und in signifikanter Weise nicht da ist, auch gegen alle Widerstände mit ihrem betonierten Positivismus.

Urteilskraft

Die Urteilskraft ist der Mensch selbst, »est l'homme même«, und ohne sie wird er zum unmündigen Nachtreter, kurz: Wer nicht selbst zu urteilen vermag, fällt aus, in den Bereichen der Sittlichkeit, der Erkenntnis und der Kunst. In der Urteilskraft bündeln sich die Fähigkeiten der Menschen, und für alle Erziehung und Bildung gilt: Wenn die Urteilskraft die intellektuellen und emotionalen Leistungen nicht begleitet, sind sie wertlos. Deshalb sollte die Stärkung der Urteilskraft in allen Bildungsbereichen das ausgesprochene Ziel sein. Sie ist zu ihren Unterscheidungsleistungen nur in der Lage, wenn sie Zugang zu den nötigen Inhalten hat. Wer keine Grammatik gelernt hat, kann einen Indikativ nicht vom Konjunktiv unterscheiden und steht kopflos vor der Alternative von »sei« und »wäre«, »gebe« und »gäbe«; er/sie wird keine Prosa und keine Dichtung beurteilen können und sich in das Bramarbasieren der höheren Theorieebenen flüchten.

Ist die Urteilskraft eine Sache der Lehre, der Übung oder der Natur? Kant scheint der letzteren Meinung zu sein: »Der Mangel an Urtheilskraft ist eigentlich das, was man Dummheit nennt, und einem solchen Gebrechen ist gar nicht abzuhelfen. Ein stumpfer oder eingeschränkter Kopf, dem es an nichts, als an gehörigem Grade des Verstandes und eigenen Begriffen desselben mangelt, ist durch Erlernung sehr wohl, sogar bis zur Gelehrsamkeit auszurüsten. Da es aber gemeiniglich alsdann auch an jener (der secunda Petri) zu fehlen pflegt, so ist es nichts Ungewöhnliches, sehr gelehrte Männer anzutreffen, die im Gebrauche ihrer Wissenschaft jenen nie zu bessernden Mangel häufig blicken lassen.« »Secunda Petri«: Die Lehre von den Urteilen in der Logik des Petrus Ramus. Kant plädiert also dafür, daß die Urteilskraft eine Sache der Natur ist und sich durch keine Belehrung und Übung verbessern läßt. Wir wollen diese Auskunft negieren und die Verbesserung der Urteilskraft durch Kritik und Negation vorschlagen.

Nochmals die Negation. Die Urteilskraft betätigt sich situativ, sie ist nicht auf allgemeine Erkenntnis gerichtet wie der Verstand, das zentrale Organ wissenschaftlicher Erkenntnis. Die Urteilskraft bezieht die Verstandeserkenntnis auf eine bestimmte Situation, sei es der sonstigen Erkenntnis, sei es anderer Umstände, und sie stiftet dadurch erst den Wert des Beurteilten. Um hierbei zu einer haltbaren Festlegung zu kommen, ist die Urteilskraft darauf angewiesen, anderes auszusortieren, es bewußt abzuweisen, sich auf die Schwierigkeit einzulassen, Nein zu sagen. Nichts läßt sich beurteilen, ohne daß Alternativen präsentiert und abgewiesen werden.

Die Urteilskraft ist unausweichlich persönlich, sie kann an keinen Computer und an kein Kollektiv delegiert werden; deswegen ist die letzte, unhinterschreitbare Schranke der menschlichen geistigen Existenz nicht das »ego cogito« (das sagt auch mein Taschenrechner), sondern »ich urteile selbst«.

Für die Konzeption einer Zivilgesellschaft ist es unerläßlich, auf dieses letzte Residuum zu setzen und das begründete eigene Meinen zu kultivieren, von der Krippe bis zum Testament.

Ohne geschulte Urteilskraft versinkt die Wirklichkeit in das rundum Gleichgültige, oder sie wird zum Witz, denn der Witz urteilt und unterscheidet nicht, sondern bringt das Ungleiche zusammen und führt bei der Paarung zum Gejohl der Hörer und zur Verbesserung der Einschaltquoten.

Verstehen

Versteht denn jemand, was es heißt, etwas oder jemanden zu verstehen? Verständlicher ist die Redeweise, sich *auf* etwas zu verstehen oder *zu* laufen, springen etc. verstehen; wir haben die Probe in der Praxis; jemand versteht sich auf das Kochen, wenn es hinterher gut schmeckt und niemand vergiftet wird; jemand versteht sich auf die Dressur des Hundes, wenn dieser nach einiger Zeit so tun kann, als könne er zählen; jemand versteht sich auf die Reklame, wenn der Umsatz steigt; sie versteht zu singen, wenn alle im Saal bleiben. – Wir können auch sagen, was Erkenntnis ist; ein Gegenstand der Erkenntnisse der Astronomie ist z. B. die elliptische Bewegung der Planeten um die Sonne. In der Naturwissenschaft wird erkannt, was beliebige Menschen mathematisch beschreiben und experimentell nachvollziehen oder simulieren können. Es läuft immer auf ein überprüfbares Können hinaus, wenn man sich auf etwas versteht oder etwas erkennt. Jemand versteht nicht das Spanische, sondern versteht, spanisch zu lesen und zu sprechen, *kann* Spanisch.

»Meine Katze versteht mich genau!« »Ich bin Baske! Aber Sie verstehen mich nicht und können auch nie die ETA verstehen!« »Nur Schwarze verstehen die amerikanische Geschichte!« »Schiller war der einzige, der Goethe verstanden hat.« »Wir haben Hölderlin noch nicht verstanden.«

Vielleicht sind die ursprünglichen Mythen Versuche, die Welt, die Götter und sich selbst zu verstehen; als man sah, daß dies nicht gelingen kann, verfiel man auf die Erkenntnis als den leichteren Ausweg.

»Wir verstehen die früheren Autoren immer nur aus unserer eigenen geschichtlichen Perspektive, häufig besser als sie sich selbst.«

»Frühere Autoren? Bis wann früher? 1968? Bis heute morgen? Gehöre ich mit meinen Sätzen von zehn Uhr auch dazu? Vielleicht sogar dieser eben zu Ende gebrachte Satz, der schon im Schlund der Geschichte steckt?«

»So war das nicht gemeint. Ich denke: Ganz früher.«

»Ganz früher, sei's drum. Aber wenn man erkennen kann, daß man einen Autor besser versteht als er sich selbst, so muß man doch ebenfalls erkennen, wie er sich versteht, sonst fehlt der Vergleichspunkt für das ›besser‹.«

»Ach so.«

»›Unsere eigene geschichtliche Perspektive‹ – verstehen Sie, was das ist?«

»Natürlich, das versteht jeder, eben unser Verstehenshorizont.«

»Er ist sicher anders als der Ihres Nachbarn, der an der Börse tätig ist.«

»Ein wenig schon. Aber wir verstehen uns gut.«

»Ich danke Ihnen für dieses Gespräch!«

Konstellationen

Die komplexe Wirklichkeit ist geordnet oder wird von uns geordnet nach bestimmten begrifflichen Konstellationen. Ein gutes Beispiel sind die vier Jahreszeiten; bei Homer waren es noch drei, wer weiß, welcher Dauersommer uns noch erwartet und die Vielfalt der Jahreszeiten am Ende auf eine einzige reduziert. Jetzt aber gilt: Wer vom Sommer spricht, stellt ihn unausgesprochen in die Konstellation der europäischen vier und nur vier Jahreszeiten. Der Heilige Geist – ihn gibt es nur in der Konstellation mit Vater und Sohn und dem Vierten, der heiligen Kirche. Choleriker – ihn gibt es nur in der Konstellation der Temperamente mit drei anderen: Nur im Verbund mit dem Melancholiker, Sanguiniker und Phlegmatiker gibt es ihn. Es ist signifikant für die historische Entwicklung, daß das konstellative Denken einem nur seriellen weichen kann und dann die Frage: »Und nicht« nur zu beantworten ist mit dem Hinweis auf »Alles andere«. Die vier Elemente Feuer, Wasser, Luft und Erde sind einem seriellen System von Elementen gewichen, das durch empirische Entdeckungen erweitert werden kann. Das ältere Denken in Konstellationen wollte Sicherheiten vor aller Erfahrung und für alle Erfahrung stiften. Die konstellative Ordnung gibt es jedoch auch heute noch; so sind die gegenwärtigen Demokratien gewaltenteilig organisiert, meist so, daß es außer den drei staatlichen Gewalten der Legislative, Exekutive und Judikative eine unabhängige öffentliche Meinung geben soll, die Vierte Gewalt. Es ist eine fast ideale Konstellation, in der die vier Gewalten unabhängig von einander sind und doch eine ausgewogene Einheit bilden. Die meist nicht gesehene Implikation ist die Bildung der Bürger, die die Adressaten der Medien sind und, informiert und hellwach, die Vertreter in das Parlament wählen. Wir sind Bürger nur in dieser Ordnung und regredieren zu Untertanen, wenn sich die Manipulationstendenz der Exekutive durchsetzt und die Republik der Diktatur weicht. Ein Weg dahin ist die Gleichschaltung der Medien und die Schaffung eines Propagandaministeriums (Hitler, Stalin). In der ursprünglichen Konstellation stellt sich die Vierte Gewalt den drei Staatsgewalten entgegen und beobachtet argwöhnisch die unvermeidliche Korruption und Bornierung der Mächtigen, im Zustand nationaler Verwahrlosung paktiert sie mit dem Profit und wird dessen Abbild, im Trend der Weltgeschichte dreht sie die despotische Einverleibung der Vierten Gewalt in die Exekutive einfach um: Die Medien setzen sich an die Spitze und befinden darüber, wem sie die Regierung anvertrauen sollten, und auch, wer ins Parlament und Richteramt kommt und wann das alles vielleicht zu ändern ist. Der Held der Szene ist nicht Joseph Goebbels, sondern sein globales Gegenbild Rupert Murdoch.

Das pädagogische Plädoyer: Die kulturellen Formationen sind abzutasten auf die Präsenz konstellativen Denkens, nicht nur in der Literatur und Philosophie, sondern auch in den bildenden Künsten – man macht überraschende Entdeckungen, wie Figuren und Bauteile konstellativ aufeinander bezogen sind.

Auseinandersetzung

Diesen Begriff scheint es nur im Deutschen zu geben; er kennzeichnet vorzüglich, was in jeder Bildung von Menschen frei zu setzen ist: Man setzt sich mit-einander aus-einander. Der Hundezüchter, Dressurreiter und Dompteur kennt bei der Erziehung der Tiere diese Komponente nicht, weil die domestizierten Tiere keine Gegenstimme haben, sie meldet sich jedoch schon bei Kleinkindern und muß in die kultivierte Auseinandersetzung eingebunden werden, teils *his master's voice*, teils in resistenter Eigenheit. Hier wie auch sonst in der Bildung gibt es keine Berechnung und genaue Verwaltung, sondern ein Gefühl und geschultes Urteil.

Zur Zeit Friedrichs des Großen (König 1740–1786) wurden in Berlin Platonische Dialoge übersetzt, nicht aus Liebe zur Ideenlehre, sondern aus der Sorge um die Bildungsanstalten, die unter den Monologen und Vor-Lesungen der Lehrer und Professoren vor sich hinsiechten. Die lebendigen Dialoge Platons sollten als Vorbild dienen, um den zeitgemäßen kritischen Geist in die Hörsäle und die neu zu gründenden Institute zu tragen. Die Frage- und Antwortform der mittelalterlichen Lehranstalten war zu gesonderten Ritualen bei akademischen Prüfungen geronnen, aus den Vermittlungen der Inhalte war aller eigener Geist gewichen und hatte der bloßen Anhäufung von Gedächtnisleistungen Platz gemacht.

Bilder und Begriffe

»Das war der beste Vortrag! So lebhaft, alles mit PowerPoint!« Die Didaktik ist versessen auf Bilder, und wer beim Auswahlgespräch die meisten und erregendsten Bilder zeigt, hat die Stelle gewonnen. Es ist jedoch so: Das optisch Wahrnehmbare sagt für sich gar nichts, wenn es nicht mithilfe vorhergehender Gedanken und Erkenntnisse erkannt wird. Wer das Röntgenbild auch noch so genau und vergrößert sieht, erkennt nichts, wenn er nicht zuvor Medizin studiert hat; erst nach zehn Semestern kann er dem Patienten sagen: »Hier sehen Sie den Zwischenkieferknochen, der nun bei Ihnen leider [...].« Oder: »Hier ist die Lunge, und dieser Schatten ist leider eindeutig [...].«

»Ein Bild sagt mehr als tausend Worte« – ein Bild sagt gar nichts ohne eine begrifflich-sprachliche Erkenntnis, die es zum Sprechen bringt.

Nietzsche schreibt: »Jeder Begriff entsteht durch Gleichsetzen des Nichtgleichen. So gewiß nie ein Blatt einem andern ganz gleich ist, so gewiß ist der Begriff ›Blatt‹ durch beliebiges Fallenlassen dieser individuellen Verschiedenheiten, durch ein Vergessen des Unterscheidenden gebildet.« Suchen wir gleich nach dem Fehler. Man zeige, wie die hier benutzten drei Begriffe erstens des Begriffs, zweitens des Gleichen und drittens des Nichtgleichen durch das Vergessen des Unterscheidenden gebildet werden; es gelingt nicht. Welches Gleiche und Nichtgleiche diente dazu, den Begriff des Begriffs zu bilden oder auch den des Gleichen und des Nichtgleichen? Die These von Nietzsche läßt sich also nicht begründen, sondern nur aus seinen zeitgemäßen Vorurteilen erklären. Nietzsches Weltanschauung ist wie die seiner meisten kaiserlichen Zeitgenossen materialistisch und biologistisch, alles Obere leitet sich von unten her, verkündet Nietzsche gegen den Platonismus und das Christentum, und ist sich des Beifalls bis zum Jahr 2008 gewiß. Das »beliebige Fallenlassen der individuellen Verschiedenheiten« führt schnurstracks ins Irrenhaus.

Die Summe gezogen: Die Kompetenz der Bilder wird zu Lasten der Begriffe und der sprachlichen Erkenntnis überschätzt. In den Schulen führen sie, wenn die begriffliche Arbeit nicht auf das Bilderbegucken folgt, zur Infantilisierung, wie der Markt es sich wünscht. Bilder haben rhetorische Funktionen, sie sollen den Käufer hin zum Kauf der Ware führen, Bilder sind suggestiv, sie machen uns glauben, wir hätten irgend etwas erkannt.

Abraham

1. Mose 22: »Nach diesen Geschichten versuchte Gott Abraham und sprach zu ihm: Abraham! Und er antwortete: Hier bin ich. Und er sprach zu ihm: Nimm Isaak, deinen einzigen Sohn, den du liebhast, und gehe hin in das Land Morija und opfere ihn daselbst zum Brandopfer auf einem Berge, den ich dir sagen werde. Da stand Abraham auf und gürtete seinen Esel. Seine Frau Sara aber fragte ihn, ob er nicht eine Stimme am Morgen gehört habe: Ja, antwortete Abraham, eine Stimme wie in einem bösen Traum, in dem der Versucher erschien. Wer bin ich, daß ich ihm folgen soll? Und Sara sprach: Tu dein Tagewerk, gehe hin mit den Knechten auf den Acker und bestelle das Feld, Isaak aber bleibt im Haus.«

Theorie der Unbildung

lautet der Titel eines lesenswerten Buches von Konrad Paul Liessmann, »Theorie« natürlich im überweiten Sinn des Wortes, denn eine Theorie der Unbildung kann es nur als Negativreflex der Theorie der Bildung geben, und die ist im strikten Sinn des Begriffs der Theorie ebenso unmöglich, pace Humboldt.

Aber Vorsicht: Die Theorie der Unbildung, wenn dies nicht ein hölzernes Eisen ist, leitet sich aus dem 4. vorchristlichen Jahrhundert her und wird kontinuierlich bis in die Gegenwart vererbt. Der erste Lobbyist der Unbildung war der Kyniker Diogenes mit seinem anti-platonischen Zurück-zur-Natur; Raffael zeigt ihn in der sog. *Schule von Athen*, wie er den gelehrten Unterredungen fernbleibt, auf der Treppe liegt und einen Eßnapf bei sich hat. Zum wahren Menschsein bedarf es, so der Kyniker, keiner Bildung und keiner Ideenlehre, sondern des Lebens gemäß der Natur, wie es uns die Hunde zeigen. Sublimierungen und andere Kulturverkrampfungen sind unnötig, weil sich alle Bedürfnisse auf dem Markplatz erledigen lassen. Die Stoiker ließen die Sache mit dem Markplatz, aber daß der Mensch zur Selbstverwirklichung keiner künstlichen, gar akademischen Bildung bedarf, war für sie ausgemacht. Die Tradition wird von den Franziskanern aufgenommen, die das einfache Leben suchten und barfuß liefen. Im neostoischen Rousseauismus wird das Thema variiert und nistet jetzt im analphabetischen Kern der Universitätsreform, den Liessmann entblößt.

Anspielung

In allen Zeugnissen der europäischen Kultur gibt es eine längst nicht freigelegte Fülle von Anspielungen, die zu immer neuen Entdeckungen führt: Dürer spielt auf Raffael an, Picasso auf Velázquez, Mozart auf Haydn, Heine auf das Alte Testament. Man kann sich nur in der Kultur bewegen, wenn man wenigstens einen Bruchteil ihrer musikalischen, architektonischen, bildhaften, sprachlichen Vernetzungen durch Anspielungen versteht.

»Aber das ist doch eine einfache Tonfolge!« »Das auch, aber es ist zugleich ein Zitat aus Mozarts *Zauberflöte*.«

»Ach so.«

Es ist ein Maskenspiel des Da- und Nichtdaseins, schon wegen dieser Vertracktheit ist die Anspielung der geradlinigen Verwaltung verhaßt. Wie man hört, sind die Mitglieder der Rechtschreibreform (immer noch auf freiem Fuße) und der Neuabfassung der *Bibel in gerechter Sprache* (BigS) zusammengetreten, um wichtige Dokumente der deutschen Kultur von Anspielungen zu reinigen, so daß sie für jedermann/frau ohne weiteres verständlich sind. Über ihre Gehälter und Tantiemen ist Stillschweigen vereinbart; die neue offizielle Tätigkeit ist mit der Immunität verbunden.

Ihr Tun zielt auf eine radikale Neufassung der Kulturgüter in gerechter Sprache (KigS). Vor fast unlösbaren intellektuellen Anstrengungen stehen Kommission und Mitarbeiterstäbe allein bei der gerechten NoA (»Neufassung ohne Anspielung«) von *Faust I* und *Faust II.* Wie läßt sich das Werk von seinem zeitbedingten Ballast befreien? Wie von den versteckten Zitaten? Wer erkennt sie, wer merzt sie aus? Wie strafft man den Text, wie steigert man seine Akzeptanz für die/den heutigen Leserin und Leser? Auch die Musik soll einbezogen werden, eine gigantische Aufgabe! Allein die Anspielungen der heutigen Musik auf Bach und Beethoven sind Myriaden! Wie verfahren mit Beethovens Variationen der Papageno-Arie aus Mozarts *Zauberflöte*? Die Lösung der Frage wurde nach vier Sitzungen einer Kommission übergeben. In den staatlich subventionierten Museen soll künftig eine Bezeichnung wie etwa »Bacchus« ersetzt werden durch »Übergewichtiger Knabe mit Weintrauben«; statt »Venus«: »Schöne Frau«, und Tizians »Karl V.« wird durch das schlichte, allgemein verständliche »Reiter auf Pferd« (Alternativvorschlag: »Älterer Reiter auf mutigem Pferde«) ersetzt. Vorbild ist eine amerikanische Ausgabe des Dürerbuches von Erwin Panofsky mit Dürers *Erasmus*-Darstellung von 1526 als Titelbild, bei Dürer sieht man eine Schrifttafel mit lateinischer und griechischer Inschrift, sie wurde vom amerikanischen Verlag fortschrittlich und menschennah durch «The Life and Art of Albrecht Dürer« ersetzt, kommentarlos.

Für die Digitalisierung der neuen Titel, in denen alle Anspielungen ausgemerzt sind, einschließlich ihrer englischen Übersetzung, die für die neuen Schulbücher obligatorisch ist, will die Kultusministerkonferenz 350 000 000 Euro freimachen.

P.S. Bei Redaktionsschluß erreicht uns die Nachricht, daß die BigS in verbesserter zweiter Auflage als *Bibel in noch gerechterer Sprache* (BingS) rechtzeitig zur Buchmesse 2009 erscheinen wird. Neuerungen wurden vor allem von Besuchern des Kirchentages auf verteilten Zetteln (»Komm auch du in die BingS«) vorgenommen.

P.S. Das zentrale Gremium der BingS erweiterte den Auftrag der KigS dahingehend, daß die deutschen Kulturgüter auch von allen offenen Gewaltdarstellungen mit Stumpf und Stiel gereinigt werden sollen. Das erste Werk war das Nibelungenlied, das schon nach wenigen Monaten von Azubis in gereinigter Form als schmales Heftlein überreicht wurde. Vermutlich wird das Kreuz in den Kirchen mit dem qualvoll Sterbenden durch ein kreisförmiges Holz ersetzt, wie es schon in anderen Ländern mit großem Erfolg praktiziert wird. Die Abstimmung über den entsprechenden Antrag einer Bischöfin wurde vertagt.

P.S. »Ein feste Burg ist unser Gott« wurde in eine gerechte und gewaltfreie Form gebracht: »Ein schneller Bus ist unser Gott.« Nur ein Gewerkschaftsvertreter hatte Bedenken, stellte sie aber zurück.

Was ist Aufklärung?

»Sapere aude! Habe Muth dich deines *eigenen* Verstandes zu bedienen, ist also der Wahlspruch der Aufklärung«, so Kant 1784. Wie das – kann ich nur einen Schritt in der Kultur- und Zivilgesellschaft tun, ohne zu akzeptieren, daß die Kompetenzen der Erkenntnis, des Verstehens, der Bedienung der Apparate und der abertausend Zeichen auf immer an andere delegiert sind? Soll ich auf der Bahnfahrt den Lokführer spielen, im Flugzeug den Piloten? Soll ich die Börsendaten deuten? Soll ich selbst an meinem Kind herumdoktern, wenn es vom Baum gefallen ist? Unsinn, ich bediene mich des Verstandes *anderer*, jetzt und immer und in allen Verästelungen meines Lebens. Wo ist das Reservat, das mir undelegierbar, nur mir zukommt? Ist es die Addition und Subtraktion der Zahlen von 1 bis 100, den Rest mögen die Spezialisten tun, bis 100 aber bediene ich mich kühn meines eigenen Verstandes? Unsinn. Und dann: Gibt es die geringste Garantie dafür, daß ich mit meinem eigenen Verstand in diesem mir verbliebenen Schrebergarten der Selbstexistenz nicht eine heillose Verwirrung erzeuge, von Irrtum zu Irrtum stolpere und nach kurzer Zeit tot und blamiert daliege? Also lautet die Zwischenbilanz: Sapere non audere – Blamiere dich nicht und hüte dich vor den unweigerlichen Irrtümern deines eigenen Verstandes! Habe Mut, den *anderen* zu vertrauen, denn dir bleibt sowieso nichts anderes übrig.

So weit, so gut. Nur: Das alles wußte Kant. Was hat ihn zu seinem vielleicht berühmtesten (wiewohl von anderen entlehnten) Satz geführt? Was wollte er? Hier beginnt die Arbeit der Textmeditation, und danach der Kritik, die über Kant hinausführt.

Griechisch
Jugend musiziert – Jugend liest Platon

Überspringen wir gleich die Klage über die Gefährdung der Geisteswissenschaften an den deutschen, vermutlich europäischen Universitäten durch die Marktorientierung von Bachelor- und Masterstudiengängen und die sog. Modulisierung der Angebote.

Es hat wenig Sinn, jetzt für eine Neubelebung der Geisteswissenschaften im alten Stil zu kämpfen. Die Gewalt der Marktverwertung einerseits und des Dirigismus in unserer Kultusbürokratie andererseits verhindern ein geisteswissenschaftliches Solidarność; die interessierten Kollegen sind in Überlebenskämpfe vor Ort verstrickt, es fehlen Vorformen gemeinsamer Aktionen, auf die man sich stützen könnte.

Es kommen weitere Schwierigkeiten hinzu. Wer das Griechischstudium heute in der Universität oder der Öffentlichkeit verteidigt, hat schlechte Karten. Da gibt es einmal das schwer zu widerlegende Argument, daß wir über vorzügliche Übersetzungen aller lesenswerten Texte verfügen, um die anderen mögen sich Spezialisten kümmern, aber sie werden für die Übermittlung antiker Ideen nicht benötigt. Was Heraklit und Herodot, Cicero und Seneca uns zu sagen haben, kann nicht gut davon abhängen, daß man die Steilküste des Lateinischen und Griechischen hochgeklettert ist – laßt sie ihre

Inhalte auf Deutsch übermitteln, aber quält nicht Generation um Generation mit den Abwegigkeiten der altsprachlichen Grammatiken. Die Investition an Arbeit bis zur eigenen verständnisvollen Lektüre von Sophokles steht nach der allgemeinen Überzeugung in keinem Verhältnis zum Ergebnis. Nach eigenem Bekenntnis hat die Mehrzahl der Gymnasiasten in höherem Alter *alle* Sprachkenntnisse vergessen; sie lesen an den langen Winterabenden weder lateinische noch griechische Texte.

Logisch denken kann man an tausend anderen Stoffen von der Informatik bis zur Statistik lernen; zu meinen, hier käme den alten Texten ein Vorzug oder gar ein Monopol zu, ist so schief wie die Meinung, die Menschen hätten erst korrekt gedacht, nachdem die Aristotelische Logik erschienen war.

Den sittlichen Wert kann man nicht gut geltend machen, nachdem die altsprachlichen Gymnasien viele der Ungeheuer an Ärzten in der NS-Zeit gestellt haben und die sittliche Konfusion (Carl Schmitt) oder Gleichgültigkeit (Martin Heidegger) namhafter Vertreter der altsprachlichen Kultur offenkundig ist. Weder das Griechische noch das Lateinische haben sich als Königsweg zu den Tugenden der Zivilgesellschaft erwiesen. Im Gegenteil: Bis heute nistet sich der Typ des Professors Unrat in den altsprachlichen Fächern ein; es werden die schwächeren Schüler oder Studenten gedemütigt, mit Lust und Insistenz. Dadurch wird der Unterricht für alle vergiftet.

Wenn Griechisch, warum dann nicht auch Altägyptisch oder Akkadisch? Der von den Griechen selbst geförderte und von den Humanisten erneuerte Mythos, daß die Kultur eigentlich mit Homer beginnt, ist in bestimmter Hinsicht vielleicht nicht falsch, aber er ist zu problematisch, um dem Griechischen das Privileg der Protokultursprache zuzugestehen. Mögen die modernen Griechen das Altgriechisch, die Basken das Urbaskische und die Inder Sanskrit lernen, aber warum sollen die Deutschen die *Ilias* statt des *Nibelungenliedes* lesen?

Zu welchem Berufsfeld qualifiziert das Griechische außer

einem einzigen: zur Reproduktion des Faches an der Schule und in der Universität. Also: *Forget it.*

Man sollte auch nicht verkennen, daß sich das gehobene Bürgertum im Unterricht zweier Sprachen ohne unmittelbaren Nutzen eine Demarkationslinie schuf, die zu privilegierten Positionen in der Gesellschaft berechtigte und so die Mühen der Gymnasien auf überraschende Weise zur klugen Investition werden ließ. Seitdem dieser Bonus kaum noch zählt, ist das Bemühen um den Optativ im Aorist des unregelmäßigen Verbs *tithemi* (stellen) verlorene Liebesmühe. Die Pfründen in den Kommunen werden nach anderen Kriterien vergeben.

Und nun?

Die Argumente, die hier aufgeführt wurden, betrachten das Altgriechische von außen. Das einzige, was dagegen steht, ist ein gut belegbares Faktum: Der Enthusiasmus von Schülern für das Griechische. Ihn gab es bei Hölderlin, und ihn gibt es noch heute ebenso wie den Enthusiasmus für die Musik oder Mathematik oder auch das Nachdenken, das unter dem griechischen Terminus Philosophie bekannt ist.

Das Griechische hat einen Kick, den andere Sprachen und andere Literaturen nicht kennen und der nur bei der geduldigen Bewältigung der grammatischen und sonstigen Finessen zutage tritt – über diese Praxis zu reden trifft die Sache so wenig wie das Gerede über die anderen genannten Tätigkeiten, die nur durch eine Vorgabe der Natur, durch Unterricht und Praxis zustande kommen, wie im Platonischen Dialog *Menon* nachzulesen ist. Musiker reden nicht über Musik, sondern musizieren. Durch die sprachlichen Schwierigkeiten erschließen sich der Witz und der Tiefsinn eines antiken Dramas oder der Schriften Platons. Der Geist steckt in dem, was wir zwar im künstlichen Regelwerk der späteren Grammatiker und der Lexika lernen müssen, aber was dann und nur dann für uns sichtbar wird, der Konflikt der Wörter mit ihren Sätzen, das Spiel der Metaphern, die Umbrüche und Rückrufe; die Anspielungen, das alles liegt in den griechischen Texten und wird von Übersetzern notwendig veruntreut. Die Griechen mußten, um zwischen Asien und Europa zu überleben, so schlau wie Odysseus und so profund wie Platon werden; sie betrieben die Aufklärung aus Lebensnot und Passion und waren dadurch hellwach gegenüber allen Versuchungen der geistigen Faulheit und des Fundamentalismus. In diese Werkstätte des kritischen und kreativen Geistes kommt man nur durch das Nadelöhr des Griechischen selbst. Nur hier versteht man den Geist, der in ganz Europa über die Römer, die Kathedralen und die Renaissance bis zu James Joyce und die Europa-Idee selbst nachwirkte, hier liegt das Zentrum neben vielen höchst wichtigen Impulsen und vielen Bagatellen.

Intelligente Schüler spüren, daß in den griechischen Texten wesentliche Stücke unserer Kultur liegen und daß ihre Begeisterung kein Zufall ist. Und hier liegt ein zweiter Grund für die Erhaltung des Griechischen: Hier liegen die Fundamente, ohne die die europäische Geistesgeschichte unverständlich wird.

Die bisherigen Griechischstudien waren mitbestimmt von der Gipsfassade des Klassizismus. Wir wissen heute, daß die griechischen Statuen und Tempel bunt waren in den schrillsten Popfarben, daß die Musik dionysisch wild und apollinisch verhalten war, daß Ekstase und Philosophie in der Multikultur der größeren Städte auf der Agora zusammenstießen, daß die wilden und sanft lächelnden Götter den Tag bestimmten. Daher kommen wir.

Jugend musiziert – Jugend liest Platon, aber wie? Gesucht wird eine Stiftung, die 80 Schüler zu einer zweiwöchigen Platon-Lektüre während der Sommerferien einlädt an einem arkadisch wilden Ort, in gestuften Kursen werden Dialoge gelesen und interpretiert, gutgelaunte und fähige Lehrer/innen und Professor/innen leiten die Kurse, nebenbei kann man schwimmen, Berge besteigen und abends Band 1 von Harry Potter auf Altgriechisch lesen (im selben Verlag wie die englische Ausgabe erschienen). Die Sponsoren sind zur Teilnahme eingeladen, am Schluß widmen die Schüler ihnen eine selbstgedichtete Dankeshymne auf Griechisch.

Jedes Kind hat Spaß an den ersten Wendungen und scharfen Kurven der Reflexion, am Salto rückwärts und vorwärts, in bloßen Gedanken.

Ob der Hauskater denken kann? Die Intelligenzleistungen der Katzen und vieler anderer Tiere sind so unglaublich, daß man spontan sagen wird: Natürlich können diese Tiere denken! Wie sollte sonst unser Kater mich immer zur gleichen Zeit an der Tür erwarten? Aber andererseits gibt es wieder eine unüberbrückbare Kluft zum menschlichen Denken, so daß man zur Gegenseite überläuft: Kein Tier kann denken! Kein Tier denkt über das nach, was nicht im Bereich seiner Sinne ist, etwa gar über das Denken. Aber damit geht ein Riß durch die Welt: Auf der einen Seite stehen wir Denker, auf der anderen Seite alles andere, Steine, Pflanzen und Katzen. Wir vollziehen es fast dauernd, das Denken. Aber was ist das genau?

Zu den überraschendsten Intelligenzleistungen der Tiere gehört die Fähigkeit, andere Lebewesen zu täuschen. Das Spiel von Hunden ist durchsetzt von Bewegungen, die die Mitspieler täuschen, also offenbar auch täuschen sollen. Haben die einzelnen Tiere damit selbstgesetzte Absichten, etwas zum Schaden anderer gerade nicht zu tun, sondern nur vorzugeben? Können sie also lügen? Und wie steht es mit den Pflanzen – ist auch deren Mimikry eine absichtliche Täuschung? Was sonst?

Reflektiert man über Täuschung, Lüge, aber auch den simplen Irrtum, gerät man in ein abenteuerliches Wunderland, in dem das Reden eines Hasen eine Kleinigkeit ist: Man muß zugeben, daß das Nichtsein *ist*, weil ohne die paradoxe Wirklichkeit von etwas, was nicht ist, die feine Dreiheit von Täuschung, Lüge und Irrtum gar nicht denkbar ist.

Aber das Sein des Nichtseins läßt sich noch einfacher hervorzaubern: Man kann handeln, indem man nichts tut, denn in gewissen Fällen ist die Unterlassung einer Handlung eine Handlung. Wer an einem Unfallort nichts tut, sondern z. B.

nur über das Nichtstun nachdenkt, macht sich strafbar; strafbar sind aber nur Handlungen, nicht das Sein (daß jemand weiß oder schwarz ist, mißgestaltet oder schön) und nicht das Nichts (daß ich tausend Dinge jetzt nicht tue: Ich helfe z. B. nicht dem Verkehrsopfer in der George Street in Sydney, *just now*).

In bestimmten Gemütsstimmungen fragt man sich: Woher kommen wir? Von einem Vorleben wissen wir nichts, und es interessiert uns auch nicht ernsthaft. Aber die Frage ist schon kurios, weil wir uns irgendwie nicht als bloß zufälliges Naturprodukt auffassen.

Im Leben selbst möchte jeder möglichst gut davonkommen, mit seinen Gefühlen, Erkenntnissen, mit dem, was man will und nicht will.

Und wie endet alles? Wir wissen es wieder nicht; aber es gab Kulturen, in denen die Toten und der Tod immer gegenwärtig waren, während sie bei uns hastig vernichtet werden; sogar die schwarzen Leichenwagen sind aus dem Tagesverkehr gezogen. Früher blieb jedermann stehen und nahm die Kopfbedeckung ab, wenn ein Leichenwagen durch die Straße zog. In kommenden Phasen der Geschichte wird man sich vielleicht wundern, wie töricht wir mit dem Tod und den Toten umgingen – durch einfaches Wegsehen.

Im weiteren Umgang mit der Philosophie wird das Denken kritisch gesichtet und gefragt: Was ist ein Argument, ein Kriterium, ein Begriff und ein Urteil oder Schluß, was ist verblasenes Zeug und was eine vernünftige Überlegung, was ist ein asthenischer, analytischer Formalismus, wann muß man dagegen hellwach zuhören? Und dann die Meditation bewährter philosophischer Texte. Sie können kopiert werden, so daß auch hier kaum Kosten entstehen; die verkrusteten Seelen der Funktionäre können sich nicht vor der Philosophie retten mit dem Argument, sie sei unbezahlbar; was vertrackterweise natürlich stimmt.

Geistes»wissenschaft«

Man frage die Stimme des Volkes nach irgendwelchen wissenschaftlichen Disziplinen; die Antwort fällt mit Sicherheit auf Naturwissenschaften und Mathematik; Gräzistik, Anglistik, Germanistik kommen dagegen nicht vor. Ist der Historiker ein Wissenschaftler? Der ältere Name der »humaniora«, der »humanities«, trifft die Wissensform besser als der falsche Glanz einer Wissenschaft, die es den Naturwissenschaften nachtun möchte und ihnen immer unterlegen ist, weil die Notwendigkeit der auf Mathematik und Experiment gestützten Erkenntnisse fehlt. Naturwissenschaftler und Mathematiker erleben zwischen zwanzig und dreißig Jahren den Höhepunkt ihrer Karriere, weil sie sich auf dem geschlossenen Schachbrett ihrer Kalküle bewegen und dort neue Einfälle haben; kein Philologe oder Philosoph kann in diesem Alter ein gutes Goethe- oder Platon-Buch schreiben; das höhere Alter kann in der Wissenschaft nicht zählen, sondern in den humanistischen Disziplinen. Der Begriff der Hermeneutik wäre passend, wenn er sich nicht gegen die Methode gewandt hätte; nur die Methode ermöglicht es, von richtigen und falschen Interpretationen zu sprechen, und die Rede von falschen Interpretationen wird man in der Hermeneutik außerhalb der Fußnoten vergeblich suchen.

Wie immer: Die Aneignungsform der Geisteswissenschaft geschieht exemplarisch; sie geschieht in Form einer gemeinsamen Meditation über singuläre Inhalte und wendet sie nach der dem Gegenstand eigentümlichen Vernunft hin und her; daraus entsteht allmählich eine handwerkliche Vertrautheit, die als Kriterium für neue Gebiete fungiert. Abfragbares Wissen ist in den Prozeß integriert, wer nicht über das nötige Raster von Informationen verfügt, stürzt ab; das Wissen als solches steckt jedoch schon im Computer und ist entsprechend eine notwendige, aber keine hinreichende Bedingung, sich an der Geisteswissenschaft zu beteiligen. Am Ende bleibt die Fähigkeit des Urteilens, in das vieles eingeht, was nicht dasteht, aber vom Kundigen bemerkt wird.

Bildung

Kant in einer Vorlesungsnachschrift: »[…] von Natur sind alle Menschen Poebel, und die es jetzt nicht sind, die sind durch die bürgerliche Ordnung und Disciplin verfeinert. Würde die aber aufhören, so würde auch die Verfeinerung aufhören, und alle Menschen würden solcher Poebel sein.« Textvariante: »Wird die aber aufhören, so wird auch die Verfeinerung aufhören, und alle Menschen werden solcher Poebel sein.«

Entdecken erfinden

Zur Erinnerung an Georg Christoph Lichtenberg

»Polynesier haben Amerika vor den Europäern entdeckt«. Wie das? Haben die Heringe Sylt vor den Holsteinern entdeckt? Und die Zugvögel das mittlere Afrika vor den Griechen? Konnten die Mongolen Alaska entdecken? Und die südamerikanischen Fischer den Humboldtstrom? Etwas zu entdecken ist eine patentierte Erfindung der Griechen, danach gibt es keine Entdeckung, die nicht als neuer Fund erkannt und öffentlich anerkannt wird, neu für uns, die Verwalter des Weltgeistes, gefunden, nicht erfunden. Deswegen ist der Ort, der per se nicht entdeckt werden kann, Athen und Umgebung (ausgenommen das Ego in der Selbsterkenntnis). Als Entdeckung gilt im festgelegten Sinn also nur, was eingetragen wurde in das Logbuch der von Griechenland und dann Europa registrierten Weltgeschichte. Da steht als Eintrag am 12. Oktober 1492: »Heute Inseln vor Indien entdeckt, gez. Christoforo Colombo aus Genova.« Ab sofort konnte jeder auf Kolumbus' Spuren nach dem nunmehr offiziell entdeckten Amerika fahren, vorher nicht, kein Wikinger und kein Polynesier. Kolumbus konnte die Indianer entdecken, aber die Indianer nicht Kolumbus.

steht auf einem gegen die Regierung in Washington gerichteten Plakat. Der Satz ist wohl in der Meinung gefühlt und imaginiert und gedacht und geschrieben worden, irgend jemand könnte ihm widersprechen, jemand auf der anderen, auf der falschen, der Herrschafts- und Regierungsseite. Das ist nach den Erfahrungen des letzten Jahrhunderts jedoch kaum möglich: Die Masse der Deutschen imaginierte in den dreißiger Jahren das Großdeutsche Reich und veränderte die Welt gründlich. Pol Pot kehrte von seinem Philosophiestudium an der Sorbonne voller Imaginationen und wirren Ideen nach Kambodscha zurück und änderte das Land bis zur Unkenntlichkeit. Die Angepaßten der Banken (freundliche Menschen) imaginieren rund um die Uhr profitable Anlagen in der Rodung des Urwalds und ändern die Welt am Kongo, am Amazonas, auf den Philippinen. »Imagination *does* change the world«, und aus dem Faktum folgt logisch das »can« – wer weiß das nicht? »Imagination can change the world« – lies die Zeitung von gestern, von heute, von morgen.

Die Einbildungskraft *tout court* steht seit der Romantik hoch im Kurs; welcher Intellektuelle schmeichelt ihr nicht? Der kalte Verstand dagegen soll sich lieber gar nicht erst sehen lassen, auch die Vernunft, die vorpostmoderne, nicht, speziell in Paris. In älteren Büchern liest man, der Aberglaube sei ein Produkt der ungezügelten Einbildungskraft. Wie sind Hexenverfolgung und Inquisition möglich, wenn nicht durch die Einbildungskraft von Priestern, die das Leben ihrer Opfer gründlich veränderten? »Imagination can change the world«. Die gute und schlechte.

»Ohnbeschadet der Mosaischen Geschichte«

Die Gelehrten noch des 18. Jahrhunderts riskierten Kopf und Kragen, wenn sie Fragen der Erdgeschichte nachgingen: Wie war es möglich, daß sich im sibirischen Eis Mammutknochen fanden? Und daß Muscheln auf hohen Bergen fern von allen Meeren entdeckt wurden? Hier untersuchte einer die Erdgeschichte mit seinem eigenen Witz und seinem eigenen Verstand, dort stand die Bibel, die ihre orientalische Geschichte erzählte. Die unwürdige Lösung waren die zwei Wahrheiten. Die Erdgeschichte wird mit der Erklärung vorgetragen: »ohnbeschadet der Mosaischen Geschichte«. Wieviel vergessene Mühe der Aufklärung, als sei alles selbstverständlich und als habe die Religion immer schon für die Menschenwürde gekämpft.

Der bestirnte Himmel über mir

Ein findiger Jamaikaner richtete eine Schiffslinie nach Long Island ein, wo New Yorker Bürger in der Nacht ohne Störung durch das Licht der Reklame die Sterne und das Unendliche unmittelbar sehen können. Kilometerlange Schlangen besonders von Jugendlichen warten auf diesen Blick in den nächtlichen unverstellten Himmel. Astronomen erklären vorher den Begriff der Unendlichkeit, in Broschüren wird den Bewohnern der Stadt erläutert, daß auch sie im Weltraum leben und daß sie zum All gehören mit allen Sternen, die von der Erde aus sichtbar sind. In manchen Nächten geschieht es, daß keine Geräusche bis zum Ort der Betrachtung gelangen, sondern sich ein dunkles, allumfassendes Schweigen ausbreitet. Für diese in ihrem Leben ganz neue Erfahrung der Stille wird eine besondere Gebühr erhoben. Zeugen berichten, daß viele Besucher des Nachthimmels und der Nachtruhe in Tränen ausbrechen.

Kategorischer Imperativ in postmetaphysischer Lesart

»Der kategorische Imperativ hält uns dazu an, die Wahl von Handlungsmaximen im Lichte einer unparteilichen Beurteilung dessen, was alle wollen können, vorzunehmen.« Nun können zweifellos alle wollen, daß ihre Autos der Natur zuliebe grün gestrichen werden; betrachte ich meine Maxime im Lichte dieses möglichen Allwillens, dann kann und muß ich mein Auto grün streichen. Aber auch rot. Was denn nun? Und was ist daran kategorisch, wenn ich beliebige Maximen universalisieren kann?

Ich habe die Maxime, am Monatsbeginn mein gesamtes Geldvermögen von der Bank abzuheben. Können dies alle wollen? Sicher nicht, denn dann würde die Weltwirtschaft zum Schaden aller zusammenbrechen. Ich werde also zu der Maxime genötigt, mein Gehalt zu wechselnden Terminen abzuheben; aber bei jedem stellt sich eine Maxime ein, die nicht universalisierbar ist – der sichere Hungerstod.

Radfahrer: »Ich universalisiere meine Maxime, vor der Tour de France Dopingmittel zu nehmen; nun können das zweifellos alle Beteiligten wollen, denn es tun sowieso alle. Ergo besagt dieser feine Imperativ, daß ich moralisch zum Dopen angehalten bin.«

»[...], was alle wollen können« – das hat mit dem kategorischen Imperativ nichts zu tun; nicht »volonté de tous«, sondern die notwendige »volonté générale«.

Zivilgesellschaft

Deutschland ist aus einer bis 1918 immer noch feudalen, bis 1945 chaotischen, am Ende bestialischen Gesellschaft zu einer *commercial society* geworden, in der die Vergangenheit aufpoliert wurde und der kommerzielle Nutzen die Federführung übernahm.

Die *commercial society* hat den Ton in Deutschland geändert;

bellten sich die Menschen und Nachrichtensprecher noch bis um 1968 wie die Feldwebel an, wurde der Umgang der Menschen allmählich kulant, alle hatten im Ausland gelernt und glichen sich sympathetisch an. Alle testieren der Bundesrepublik, sie sei das beste Deutschland, das es je gab, und doch produziert sie an ihren Rändern immer noch soziale Analphabeten und bellende Parolen, und in ihrem Kern lauert der totale Kommerz und sein unziviler unbedingter Gehorsam.

Zeigen

Kein Tier kann zeigen, obwohl auch die anderen Primaten die dazu nötigen Organe haben, sie können es weder von Geburt noch können sie es unter der härtesten oder mildesten Dressur lernen. Auch der Elefant benutzt trotz aller Bemühung seinen dazu geeigneten Rüssel nie zum Zeigen, etwa auf den schönsten aller Tempel oder den aufgehenden Mond. Nur der Mensch kann mit der Hand auf etwas weisen, die Kleinkinder tun es von allein, wenn sie nicht unter Wölfen aufwachsen. Die ersten Menschen, die in der Savanne auf etwas Fernes zeigten und das Zeigen mit Lauten begleiteten und von den anderen verstanden und gefragt wurden, entdeckten das Denken und waren die Schöpfer der menschlichen Rede und der Öffentlichkeit, die unsichtbar alle spätere Kultur bestimmte.

Auf etwas zeigen heißt, die Aufmerksamkeit eines anderen oder mehrerer Partner durch eine Körpergeste auf etwas Sichtbares, Hörbares etc. in der Nähe (etwa einen bestimmten Teil des eigenen Körpers) oder Ferne zu richten. Wer auf etwas zeigen kann, macht dieses Etwas zu einem öffentlichen Proto-Objekt und bereitet die sprachliche Referenz auf beliebige Objekte vor. Das Zeigen kann im Gegensatz zum Urteil, das erst eigentliche, gemeinsame Objekte ermöglicht, nicht verneinen: Man kann nicht auf etwas zeigen, was nicht da ist, und das Zeigen kann entsprechend auch nicht wahr oder falsch sein. Kein Tier kann zeigen; dieses fundamentale Phänomen verdeutlicht, daß den Tieren dieser wohl erste Zugang zur intendierten Erzeugung öffentlicher Aufmerksamkeit auf identische Objekte versperrt ist. Tiere lernen das Zeigen weder selbst, noch kann es ihnen mit Gewalt oder guten Worten beigebracht werden – sie können eine Handbewegung nicht von einer Fußbewegung im Hinblick auf die Zeige-Funktion unterscheiden. Beim Elefanten hätte sich der Rüssel, der in so vielen handwerklichen Tätigkeiten dasselbe wie eine Hand leistet, vorzüglich zum Zeigen geeignet. Primaten können mit einem Stock entfernte Gegenstände heranangeln, aber sie können den Stock nicht benutzen, um mit ihm auf den gewünschten Gegenstand zu zeigen. Das Fazit: Tiere leben in einer arteigenen Medienwelt, aber diese bildet keine Öffentlichkeit, sondern dient der Orientierung der einzelnen Individuen auch dann, wenn sie intersubjektiv agieren und in einer Horde gemeinsam auf die Jagd gehen.

Kinder zeigen von selbst und lenken die Aufmerksamkeit der Anwesenden auf ferne oder auch nahe auffällige Objekte. Sie erkennen, daß der ausgestreckte Arm mit dem Zeigefinger nicht nur er selbst ist, sondern eine Richtung und ein Etwas.

»Ich möchte meinen«

»Es könnte sein, daß ich mir das auch so vorstelle, sicher.« »Gehe ich recht in der Annahme, daß wir jetzt noch nichts beschlossen haben?« »Ich kann mir schon vorstellen, daß ich genau das meine.« »Die mutmaßlichen Täter wurden noch nicht gefaßt, hieß es aus Kreisen, die nicht genannt werden wollten. Aber hier verbrachten alle die Nacht in vermeintlicher Todesangst.« »Das meine ich auch, natürlich, warum nicht?« »Nein, keine Feststellung, nur eine Vermutung, über die man sprechen könnte, ein Thema, ein Anstoß für die nächste Tagung.« »Vielleicht ließe sich das so sagen, wenigstens so ähnlich müßte es sein, denke ich mal.« »Nein, im Gegenteil, es ist gut möglich, daß Sie Recht haben, aber es bleibt letztlich problematisch. Wenigstens läßt sich darüber diskutieren.« »Aber hören Sie, nein, natürlich nicht, ich wollte nur eine mögliche Lesart ins Spiel bringen, die nichts ausschließen soll, ich würde nur etwas andenken wollen, aber nichts Endgültiges behaupten, gewissermaßen ein Anstoß, über den man nachdenken könnte. Ich bin für alles offen, wirklich alles.« »Nein, was ich sagte, war nicht gegen Sie gerichtet, schon gar nicht persönlich. Ich habe nur sozusagen meine eigene Sichtweise dargestellt.« »Natürlich weiß ich es nicht, aber es hat etwas für sich.« »Wenn ich ehrlich sein soll, muß ich eigentlich gestehen, daß ich mir das so nicht denken kann.«

A: »Ich sehe die Sache sozusagen anders.«

B: »Ist die Sache anders oder ist die Sache nicht anders, sondern Ihr Sehen?«

A: »Es ist eigentlich beides anders.«

B: »Ach so.«

Selbstsein

A: »Seien Sie endlich Sie selbst. Verwirklichen Sie sich und führen Sie das Leben, das zutiefst Ihrer eigenen Natur entspricht. Nicht auf die anderen hören. Gehen Sie dieses Wagnis ein, endlich *authentisch* aus dem inneren Selbst zu existieren. Das Ich zu verwirklichen ist das höchste Gut im menschlichen Leben! Tun Sie das, woran Sie glauben, so einfach ist das.«

B: »Ich bin Dynamit: Ich, rücksichtslos gegen die Herde der anderen mit ihrem Moral- und Wahrheitsgeläut, abfackeln ist meine authentische Parole.«

A: »Nein! Das war ja nicht gemeint!«

B: »Doch. Selbstsein. Der bin ich.«

Ich selbst

»›Is there anybody there?‹ said the Traveller,
Knocking on the moonlit door.«
Walter de la Mare

David Hume: »Wir haben gar keine Vorstellung eines *Ich*. Oder aus was für einem Eindruck könnte diese Vorstellung stammen? Es ist unmöglich, diese Frage zu beantworten, ohne daß man in offenbare Widersprüche und Ungereimtheiten gerät; und doch muß diese Frage notwendigerweise beantwortet werden können, wenn die Vorstellung unseres Ich für klar und vollziehbar gelten soll. Jede wirkliche Vorstellung muß durch einen Eindruck veranlaßt sein. Unser Ich oder die Persönlichkeit aber ist kein Eindruck. Es soll ja vielmehr das sein, worauf unsere verschiedenen Eindrücke und Vorstellungen sich beziehen. Wenn ein Eindruck die Vorstellung des Ich veranlaßte, so müßte dieser Eindruck unser ganzes Leben lang unverändert derselbe bleiben; denn das Ich soll ja in solcher Weise existieren. Es gibt aber keinen konstanten und unveränderlichen Eindruck. Lust und Unlust, Freude und Kümmernis, Affekte und Sinneswahrnehmungen folgen einander; sie existieren nicht alle zu gleicher Zeit. Also ist es unmöglich, daß die Vorstellung unseres Ich aus irgend einem dieser Eindrücke stamme; folglich gibt es keine derartige Vorstellung.« Aber wie – sollte es mich nicht geben?

Geistesabwesend

Richter: »Sie sind bei Rot über die Ampel gefahren und haben dadurch …«.

Angeklagter: »Halt, Einspruch! Ich bin nicht bei Rot über die Ampel gefahren, ich bin auch nicht bei Rot auf der Straße weitergefahren, wie Sie vermutlich meinen. *Ich* nicht! Jedes Kind weiß, daß es tödlich sein kann, also müßte ich wahnsinnig sein, wenn ich es getan hätte, und könnte folglich schon deswegen nicht verurteilt werden! Es war ganz anders: Ich war geistesabwesend, mich verfolgte ein Gedanke, von dem ich mich nicht lösen konnte, gerade dieser Gedanke: Was kann es heißen, jemand sei geistesabwesend? Wer ist er, wenn er abwesend ist, im Geiste, also ganz zentral, er selbst, zerstreut? Zerstreut wohin? Begreifen Sie, was das sein soll? In diesem Zustand, in dem ich den einen Gedanken konzentriert verfolgte oder, wenn Sie wollen, er mich verfolgte, habe ich es, nein: es in mir es *unterlassen* zu bremsen. Ich habe, nein: es hat etwas unterlassen, wie wir tausend und abertausend Sachen in jedem Augenblick unseres Lebens unterlassen, nicht tun, auch jetzt, Herr Richter, auch Sie müssen hier und jetzt unendlich vieles nicht tun. Sie unterlassen es, einem Desorientierten über die Straße zu helfen – aber ist das *Ihre* Unterlassung, gar *Ihre Handlung*? Ich habe nichts *getan*, wie Sie gerne möchten! Sie wollen einen Schuldigen finden, wie ihn die Verkehrsordnung braucht und gesetzlich festlegt. Dann sprechen Sie meinen Körper schuldig, der am Ende ja das Bremsen und Weiterfahren besorgt; aber er ist durch den Unfall ramponiert und nicht mehr derselbe. Feine Justiz! Sie *machen* mich zum Täter, nicht ich! Also lassen Sie mich jetzt gehen. Auf Wiedersehen!«

Richter: »Auf Wiedersehen!«

Richter (beiseite zu einem Gerichtsdiener): »Nehmen Sie den Mann unauffällig in Gewahrsam.«

»It's just me, myself and I«

»Es gehört zur alltäglichen Selbsterfahrung, sich in ein Verhältnis zu sich selbst zu setzen: Ich mache mir Vorwürfe, ich strenge mich an, ich nehme mir etwas vor; geh in dich, sei selbstkritisch – sobald der Mensch von sich selbst ›ich‹ sagt, hat er es mit sich selbst in wenigstens zwei Rollen zu tun, die sich gegenseitig bedingen und von denen wir problemlos sagen können, daß das eine Menschen-Ich ohne diese zwei

Ichs nicht zu haben ist. Jeder Mensch beherrscht mit dem Ich-Gedanken auch die innere Verdopplung ohne jedes Problem und ohne gesonderten Unterricht oder psychologisches Studium. So wären wir bei der Trinität angelangt: Das Ur-Ich mit dem alten Anspruch »Ich bin, der ich bin«, und dann die Ich- und Gegen-Ich-Beziehung, die *mit* dem Ich und *gegen* es zusammen auftritt. Und erst die Einheit dieser Dreiheit ist das eigentliche Ich, das sich so hartnäckig vor sich selbst versteckt und von seiner eigenen Vielheit und Vierheit nichts wissen will.«

»Ich soll vier sein? Um Gottes willen! Wie soll ich das sein, wenn ich es nicht weiß? Sie machen mich mit dieser Sophistik ganz nervös. Gehen wir, spielen wir Skat.«

Selbsterkenntnis I

In einem Institut in Kopenhagen wurde ein Schimpanse daraufhin geprüft, ob er sich selbst im Spiegel von seinem als Spiegelbild simulierten Großvater unterscheiden könne. Wenn der Großvater im Spiegel mit einer Binde im Kopfhaar erschien, griff der Schimpanse sich auf den Kopf, obwohl man ihn mit Lustimpulsen und kleinen Elektroschocks davon abzuhalten versuchte. Durch die frustrierenden Experimente und den Schlafentzug verlor der Affe alles Selbstvertrauen, er konnte den Wärter nicht mehr von den übrigen Affen unterscheiden, hielt die Sonne für den Mond und wurde in die Nervenklinik eingeliefert. Ein ähnlicher Fall ereignete sich, als die dänischen Forscher versuchten, einen Schimpansen zur Selbstlokalisierung auf einer großen, übersichtlichen Karte des Zoos zu bringen. Er kannte das Zoogelände genau, wurde in langem hartem Training mit der Karte vertraut gemacht, wollte aber partout nicht auf den Ort der Karte zeigen, an dem er sich im Zoo befand. Auch dieser Schimpanse verzweifelte an der intellektuellen Überforderung und mußte in die Irrenanstalt in Apenrade gebracht werden. Forscher einer amerikanischen Exzellenz-Universität versuchten, die Veröffentlichung dieser Nachricht zu verhindern. In ihren Räumen verhungerte ein Affe, weil er vor dem Spiegel darauf wartete, daß endlich sein identisches Selbst mit einer Bewegung beginnen sollte, was aber nicht geschah.

Selbstlos

Selbstlos nicht im Sinn des niederfallenden Steines und des Wasserstrahls, sondern emphatisch so, daß ein Wesen, das um sich selbst weiß und seine Selbsterhaltung dauernd im Sinn hat, daß dieses Wesen dazu in der Lage ist, uninteressiert zu handeln, selbstfrei und ohne die Nebenrücksicht auf das pochende Ego. Es ist umstritten, ob es eine derartige Selbstfreiheit geraden Blickes überhaupt unter den Menschen gibt, ob nicht bei genauer Analyse aller Motive doch das Ich auch im Schein der perfekten Selbstenthaltung am Ende insgeheim an sich selbst denkt. Nietzsche sagt: Nein, und möchte sich bei diesem Sprechakt gern ausnehmen. Vielleicht läßt sich nie eine endgültige Transparenz in diese opake Seelenlage bringen und klären, ob doch wenigstens einige wenige selbstlose Handlungen auf diesem Planeten vollzogen wurden oder nicht. Wenn jedoch partout kein Selbstinteresse sichtbar wird, wenn im Gegenteil der Handelnde die schwersten Widrigkeiten und Schmerzen erwarten muß, wenn er sich mit allen seinen Mitteln für eine sogar selbstzerstörerische Handlung einsetzt, dann wird man meinen, daß sich die Waage doch zugunsten der puren Selbstlosigkeit neigt und der alte Adam gegen Nietzsches Einspruch überwunden ist.

Es ist gut bezeugt: Jugendliche tragen unter großem Kräfteaufwand und mit Gefahren Steine auf eine Autobahnbrücke, sie warten geduldig, bis ein Auto so fährt, daß sie es treffen können, sie heben die Steine mühsam und beladen über das Geländer und lassen sie mit Präzision niederfallen. Die Insassin des getroffenen Autos war sofort tot; die Jugendlichen kannten sie nicht, jeder Gedanke an Profit ist gänzlich abwegig, auch an Ruhm, denn die Täter suchen anonym zu bleiben, sie verschwanden sogleich im Dunkel. Der Test der Selbstlosigkeit ist hier offenbar bestanden. Noch eklatanter sind jedoch die Handlungen, welche mündige Personen nicht nur ohne alles Interesse begehen, sondern unmittelbar gegen ihr Selbstinteresse, selbstlose Handlungen, durch die sie sich selbst tatsächlich loswerden. Anzufangen wäre hier bei der täglichen Kleinkriminalität des Rauchens, zu enden bei der großen Selbstlosigkeit der harten Drogen. – Viele Wörterbücher erläutern »selbstlos« fälschlich nur mit »altruistisch«, aber selbstlos kann auch der Henker sein.

Loswerden

Ich traf das Wort »Loswerden« erst spät am Abend in einer Bar in München in der Nähe des Schellingsalons. Es hatte eine Mappe mit sämtlichen neuerdings erfaßten Bedeutungen bei sich, tat ein wenig affektiert und freute sich sichtlich darüber, daß jetzt jedermann und alle Welt etwas loswerden wollten. Um mit einem Wortscherz zu beginnen, wollte ich gleich die Frage loswerden, ob es gleichbedeutende Wörter in anderen Sprachen gebe. Die Frage überschreite seine Zuständigkeit und Kompetenz, antwortete das Wort, es könne nur für sich selbst sprechen, Loswerden, *tout court*, aber im Deutschen sei das Imperium beträchtlich. Und nun begann ein langes Gespräch über Leute, die ihre Krankheiten, Schulden, ihre Verantwortung, ihre mißratenen Kinder, eigentlich ihre ganze eigene Geschichte schlicht und einfach loswerden wollten, wegätzen, die Erst-, danach die Zweit- oder Drittfrau, weg damit, aber wohin? Wir lachten und bestellten ein drittes Glas Rotwein. Es folgte ein langer Monolog des Wortes »Loswerden«; es sprach sichtlich bewegt darüber, daß immer mehr Menschen das ihnen Nächste, die Eltern und die Geschwister und am Ende sich selbst loswerden wollen. Lange wurde über die neueren Hirnforscher gesprochen, die offenbar sich selbst und ihr Denken und ihre Verantwortung loswerden und an ihr Gehirn delegieren möchten, »Ich bin mein Gehirn«, nicht »cogito«, sondern »cogitor«, aber auch der Papst möchte sein »cogito« loswerden und nicht denken, sondern gedacht werden, »cogitor«, kein Dunst von unten, sondern ein Hauch von oben, und fort ist das verantwortliche Ich. – »Was ist mit der fortgeschrittenen und ausdifferenzierten Moderne los, daß so viele Jugendliche und Erwachsene sich selbst loswerden möchten? Sie wollen diese ihre eigene Existenz nicht – da steht einem doch der Verstand still! Ist denn das überhaupt möglich – die Menschen werfen sich selbst weg! Warum tut die Menschheit nichts, die doch so viel kann und damit angibt und das alles zu verantworten hat?« »Menschheit?« Ich versuchte dem Wort »Loswerden« zu erklären, daß es die Menschheit zwar gibt, aber dann doch nicht gibt; es sei kein zu einem Handeln befähigtes Subjekt, sondern nur ein Hinterher- oder Betrachterbegriff. Selbst tun könne die Menschheit jedoch nichts. »Vieles, was die Menschheit getan hat, möchte sie jetzt wieder loswerden!« »Die Menschheit hat nichts getan, es waren immer nur Nebenfiguren und der allgemeine Übersteigerungszwang!« Vor uns lag eine Zeitung mit den letzten Naturkatastrophen, die Schlagzeile »Will die Erde uns loswerden?«. Die Erde, die Menschheit, wer will wen loswerden? Aber da war es schon weit nach Mitternacht; das Wort »Loswerden« wollte zahlen, weil ich das Gespräch angeregt hatte, kam ich ihm zuvor.

Versuchte Vernichtung durch einfache Nachfrage

»Und wer sind *Sie* denn eigentlich?« Oder auch: »Wer *sind* Sie eigentlich?« Oder auch: »Ach, das kennen Sie nicht?«

Oder auch: »Ja, schon, aber das Eigentliche, das, worauf es ankommt, ist etwas ganz anderes.«

1, 2, 3/4

Platon, *Timaios*: »Einer, zwei, drei! Wo aber, lieber Timaios, blieb uns der vierte?« Sprüche 30, 18: »Drei sind mir zu wunderbar, und das vierte verstehe ich nicht.« D'Artagnan: »Drei Musketiere? Wieso nur drei?« Kant: »[...], so besteht doch die Kritik der reinen Vernunft [...] aus drei Teilen: der Kritik des reinen Verstandes, der reinen Urteilskraft und der reinen Vernunft, welche Vermögen dann rein genannt werden, wenn sie a priori gesetzgebend sind.« Welche Kritik der reinen Vernunft besteht aus den drei Teilen? Eine vierte Kritik? Drei Könige aus dem Morgenland, und der vierte, der König der Könige. Die drei Gewalten des Staates, und die vierte, die unverfaßte öffentliche Meinung. Die Heilige Dreieinigkeit, und der Vierte? Die Kirche? Drei Dimensionen des Raumes, und die vierte, die Zeit. »Vier sah ich kommen, drei nur gehen; / Den Sinn der Rede konnt' ich nicht verstehn.« (*Faust* II) »Der Zuschauer ist der letzte von den drei Ringen. Der mittlere aber bist du, der Rhapsode und Darsteller, und der erste ist der Dichter. Der Gott aber zieht die Seelen der Menschen, wohin er will.« (Platon, *Ion*) Die vier Elemente: Erde, Wasser, Luft und davor der Mensch, der Feuerkopf.

Glauben oder Wissen

Der christliche Gott ist trinitarisch verfaßt: Gottvater, der Sohn und der Heilige Geist. Wo aber bleibt der Vierte? In der Geschichte wurden verschiedene Lösungen angeboten: Die Einheit der drei als die von ihnen getrennte gemeinsame Substanz, oder auch Sophia, oder auch der Teufel. In Wirklichkeit, so entscheiden wir, ist es die Kirche. Wir wissen aus den geschichtlichen Quellen, daß die Kirche sich auf dem Konzil von Nikäa (325 n. Chr.) endgültig auf die Trinität einigte, während davon im *Testament* verständlicherweise nichts steht, also auch nicht davon, daß sich unter dem weiblichen Titel der Ekklesia nur Männer versammelten, um mehrheitlich für ein göttliches Triumvirat zu stimmen. Und damit kommt es zur Kippfigur zwischen Glauben und Wissen. Der Gläubige sagt, die Dreifaltigkeit habe sich der Kirche offenbart, der Historiker sagt, sie sei das Ergebnis einer Abstimmung; *top down* oder *down up*, hier der sich selbst bezeugende Glaube, dort das quellenlesende Wissen. Gut, daß wir darüber wieder und noch zwanglos reflektieren können und zu einer eindeutigen Lösung gelangen.

Gedächtnis II

Was soll das Gedächtnis, bei dem so vieles auf dem Transport verlorengeht? Keine Bagatellen verschwinden, sondern häufig das Wichtigste, und die noch vorhandenen Stücke sind zum großen Teil Falsifikate, eingelagert durch zufällige Fotografien und die wiederholten Hinweise anderer, die die Einbildungskraft unkontrolliert in das Gedächtnis hineinholte. Keine Anstrengung hilft, es fiel hinab und ist endgültig verloren. Ich habe es nicht hinuntergeworfen. Wer bin ich jetzt noch? Ein zufälliges Restlager?

Alltag

Und erlöse uns von dem Übel des Alltäglichen. Die gesamte Kultur scheint eine gigantische Anstrengung zu sein, der Seelentortur der sich wiederholenden aussichtslosen Realität des Alltags zu entkommen: Musik, Bilder, der Lärm und die Dichtung und die Drogen, alles, um den Seelendurst und -hunger nach etwas *Anderem* zu befriedigen und *dasselbe* zu verscheuchen. Rhythmen gegen den phantasielosen Kreislauf, gegen den sich repetierenden Herzschlag, Spiegelspiele gegen das dumpfe Noch-einmal, Masken und Musik, endlich Flügel, zeitlos, poetisch, der geglückte Augenblick, jetzt abstürzen, was tut's. Metropolen und Las Vegas gegen die Öde des Landes und der wechsellosen Zeit. Die Bewegung siegt endlich im gigantischen Kampf gegen die Ruhe.

Unbelehrbar

Jeder kennt ihn, den *puer robustus.* Kein Argument dringt in den fest vernagelten Kopf. Schon im 19. Jahrhundert wurde das Phänomen beobachtet, daß man mit einem Antisemiten nicht diskutieren kann, weil Argumente das Seelensediment nicht erreichen, aus dem sein Haß nach oben wuchert. In dieser Tiefenschicht der Ichbildung werden bestimmte Überzeugungen festgelegt, die das Ich nicht aufgibt, weil es in sie hinein deformiert ist, es, dieses Ich, ist selbst nichts anderes als die mentale Pathologie mit einem körperlichen Anhang. Entscheidend wäre also, die Festlegung: »Der bin ich«, so zu dirigieren, daß der festen Vernagelung vorgebeugt wird. Aber wie soll das realisiert werden?

Vielleicht sollte das psychische Phänomen der Unbelehrbarkeit zu einem Studienfach gemacht werden; die Theologen sind gleich mit Luzifer beteiligt (war er einfach böse? Aber was heißt das? War er unbelehrbar?), es folgen die Historiker, die Politologen, etc., es ist kein Ende in Sicht, ein Abschluß wäre erst nach dem Rentenalter möglich. Wie an einem Gummiband gezogen kommt die entstellte Weltanschauung zurück gegen alles »Hier siehst du die Opfer, hier, sieh hin! Hör endlich zu!« Einzubeziehen wäre vielleicht die lebenslängliche falsche Meinung, jeder Mensch müsse doch belehrbar sein.

Die Welt ist […]; zu Fall gebracht

Wittgenstein: »Die Welt ist alles, was der Fall ist.« Der Satz ist von biblischem Glanz, er scheint unveränderbar und jenseits jeden Zweifels. Aber zu dem, was der Fall *ist,* gehören die Ruinen als Erinnerungsmale früherer Bauten und die Narbe am Bein des Odysseus – somit auch: »Die Welt ist alles, was der Fall ist und war«, und natürlich: »Die Welt ist alles, was der Fall ist und war und sein wird«. Oder muß es heißen: »Die Welt war alles, was der Fall war«? »Die Welt wird alles sein, was der Fall sein wird«? Und wie steht es mit dem, was *nicht* war, *nicht* ist oder *nicht* sein wird, die ausgefallene Theateraufführung etwa? Ein Fakt, daß sie ausfiel; sie fehlt auffällig in der von uns erkannten Welt, es gab sie tatsächlich nicht und sie war und ist folglich nicht, was der Fall ist oder war. Ist es *nicht* der Fall, daß Beethoven und Mozart Gambenmusik komponierten, oder ist es der Fall, daß sie keine Gambenmusik komponierten? Gehören beide Fälle zur Welt oder nur einer (und damit auch der andere)? Die erkannte Welt ist, so erkennen wir jetzt, sicher mehr als alles, was der Fall war, ist und sein wird, sie ist auch das, was sie nicht war, nicht ist und nicht sein wird. Weiter: Gehören diese unsere Weltgedanken jetzt zur Welt und zu allem, was der Fall ist? Und sind die Halbgedanken, Träume und Wünsche Anwärter auf das Welt- und Fallsein? Die Atmosphäre im Haus meiner Großeltern? Nur ich spürte sie so, meine ich. Oder sollte es besser heißen: »Die Außenwelt ist alles, was positiv der Fall ist«? Schatten eingeschlossen? Auch Unkenntnis, die sich auswirkt? – Die Negation kommt nach Wittgenstein erst durch falsche Sätze zustande; falsche Sätze gehören somit nicht zur Welt, sind nicht der Fall. Der vielleicht falsche Satz-Einfall: »Die Welt ist alles, was der Fall ist«, ist dann nicht etwas, das der Fall ist, und sollte aus der Welt gestrichen werden. Aber ist das noch möglich, nachdem er zu einem spektakulären Ereignis dieser Welt wurde und jeder vorgibt, ihm zuzustimmen, nein, ihm zustimmt? Das Seiende muß ein wenig zusammenrücken, um dem Satz Platz zu machen. Schon durch diesen unseren Gedanken ist er der Fall. Ist das Unding dieses Satzes jedes Mal der Fall, wenn jemand ihn denkt? Fragen über Fragen, und es ist der Fall, daß sie vielleicht noch nicht geklärt sind. Etwa: Es ist gut möglich, daß es mehrere Welten gibt. Muß es dann heißen: »Die möglichen und wirklichen Welten sind alles, was wirklich oder möglicherweise der Fall ist«?

Gehört also zu allem, was der Fall ist, auch die Welt des Konjunktivs und des Optativs, zählen die unendlichen möglichen Welten von Leibniz dazu, die den kleinen Defekt haben, nur nicht die beste zu sein? Es ist der Fall, daß Leibniz an sie dachte, und so wollen wir sie auch fairerweise zur Welt zählen. Sie kommen in unserer Erfahrung nicht vor, aber diese Bedingung hatte Wittgenstein auch nicht gestellt.

Asylanten dieser Welt, die es gibt und nicht gibt: Die Schulden und der Phantomschmerz. Ohne Geld, das die Wirtschaft nicht hat, sondern borgt, ist die neuzeitliche Gesellschaft nicht denkbar. Der Nichtbesitz treibt mit seiner unerbittlichen Drohung der Enteignung – entweder es werden die Zinsen gezahlt oder die ganze Sache fliegt auf – die Tätigkeit der Menschen voran; ohne geregelte Schulden und Zinsen würde die Menschheit vermutlich noch am Euphrat oder auch im Mittelalter vor sich hin dösen. Von ähnlicher Wucht und Mächtigkeit ist der zutiefst gefühlte, höchst reale Schmerz in einem Bein, das längst amputiert ist. Wer den Weltbestand überprüft und nachsieht und -tastet, stellt fest, daß dieses Bein nicht mehr der Fall ist. Aber wie ist der Schmerz möglich, der sich auf das Nichtbein bezieht, unbelehrbar und von grotesker Falschheit? Ist dieser falsche Schmerz in Wittgensteins Welt ein Fall wie so vieles andere? Natürlich, hereinspaziert, alle Schulden und Schmerzen, es gibt noch Platz, in diesem Fall. Wo ist der Irrtum?

Sprachwogen

Das Deutsche ist durch drei große Sprachinvasionen überformt, verarmt und bereichert worden, die eine gewisse innere Logik zeigen. Die erste fruchtbare Durchdringung brachte die politische und religiöse Vorrangstellung des Lateinischen. Hauptträger war die *Geistlichkeit*, die verhinderte, daß der gemeine Mensch die Heilige Schrift in einer Übersetzung lesen konnte. Der große Sprachrebell gegen die Fremdverwaltung der religiösen Gesinnung war Martin Luther. Die zweite

Woge, die des Französischen, wurde nicht durch die Geistlichkeit, sondern den *Adel* favorisiert; dank der Distinktionsbedürfnisse der Aristokratie mußten selbst Bürgerliche um 1900 nicht auf dem Bahnsteig, sondern auf dem Perron auf den pünktlichen Zug warten; tausend kleine Usancen stifteten die Distinktion gegen die Domestiken. Es waren die deutschen Sprachgesellschaften des 18. Jahrhunderts, die gegen die französischen Höflinge ein reines Deutsch zu bewahren suchten. Die dritte Invasion wird vom *tiers état*, dem dritten Stand, lanciert. Es ist die des Englischen, von populärer Musik, Kommerz und Internet. Hier sucht das Deutsche Kontakt mit der Leitnation der neueren bürgerlichen Gesellschaft, den Vereinigten Staaten, die von 1776 bis 2001 die Fackel der Freiheit und Gleichheit im Weltlauf vorantrugen. Lohnt es sich, gegen die sprachliche Anglomanie Widerstand zu leisten, z.B. auf wissenschaftlichen Kongressen mit deutschen Kollegen beim Frühstück einfach deutsch zu reden? Ins Institut gehen statt ins »Department«? Nein, auch die dritte Woge verebbt von selbst.

Old Charlie

Haben wir denn geschichtsphilosophisch geträumt? War es umgekehrt so, daß 1990 der Osten den Westen vereinnahmte? Daß wir endlich die Planwirtschaft einführen? Alle Macht der Verwaltung, den kenntnislosen Sortierern, die die Verpackung nicht von der Sache selbst unterscheiden können? Die Verwaltung von allem und jedem, die Bürokratisierung der Wissenschaft und Literatur: Die Weiterführung der Tätigkeit und der Existenz hängt vom gelungenen Antrag ab: Wer bearbeitet ihn im fernen Neubau? Projekte, klangvolle Projekte. *Is there anybody there?* Übernimmt die Verwaltung endgültig den rebellischen Geist, siegt nicht Marx der Feuerkopf, sondern der Sozialismus auf dem Umweg der DDR bei uns, den Freien?

Ja, und?

Lehrer: »Hier steht es: Das Leben ohne geistige Formung bleibt sich selbst verborgen.«
Schüler: »Ja und?«

Dank

»Hast du dich wenigstens bedankt?«
»Nein, wozu?«

Schule und Leben

Um den Rückzug des Staats aus der Bildung voranzubringen, entwickelten international renommierte Pädagogen ein Projekt der Selbstdidaktik der Kinder. Das unnatürliche Lernen von totem Stoff wird durch die lebendige Kommunikation der Kinder selbst ersetzt; so sollen Fremdsprachen künftig nicht mehr mit Lehrbüchern frontal durch bezahlte Lehrer unterrichtet werden, sondern die Kinder belehren einander selbst, türkische Kinder zeigen den deutschen, wie sie sprechen, und die deutschen Kinder zeigen den türkischen wiederum spielend ihre Sprache. Elternbeiräte und Vertreter der GEW können die Kommunikation formal leiten, sollen jedoch nicht korrigierend und belehrend eingreifen. Dasselbe Verfahren wird auch in anderen Fächern angestrebt, so daß sich die Kinder auch im Rechnen, Schreiben etc. ganz ihres eigenen Verstandes bedienen und sich selbst zu mündigen Bürgern ausbilden. Der Projektbericht wurde von der Bildungsministerin hoch gelobt, zumal auch, wie sie betonte, in Harvard und Stanford ähnliche Formen des natürlichen, zwangfreien Lehrens und Lernens mit Erfolg erprobt würden. Die Stellen der Projekt-Pädagogen wurden verdreifacht, weil man auf außerordentliche Einsparungen bei den Lehrern hoffte.

Höfliche Hörer

»Aber die Studierenden unterhalten sich während Ihrer Vorlesung!«

»Natürlich, aber sie sagten mir, daß sie immer das besprechen, was ich gerade vortrage.«

»Und einige lesen Zeitung!«

»Ja, aber die sind doch still.«

Der Didaktiker, der die Vorlesung nach dem neuesten Erlaß begleiten muß, nickte.

Neugier

Man gebe einem Kind ein Glas mit einem Sprung, ein helles Tuch mit einem Fleck, einen Stab mit einem Knoten, einen kaputten Hammer – das Kind richtet die Aufmerksamkeit seines Seh- und Tastsinnes entschieden auf die Unregelmäßigkeit des Gegenstandes. Das Kind zeigt: Es gibt eine interesselose Neugier an dem, was stört.

Ganz anders

Die Schwarzen sehen die amerikanische Geschichte ganz anders als die Weißen. Für die Altägypter war die Welt ganz anders als für uns. Als ich ein Kind war, sah ich die Scheune dort drüben ganz anders als heute. Die Griechen sahen die Statuen ganz anders als wir. Gottes Vernunft ist ganz anders als die der Menschen. Frauen sehen die Welt ganz anders als Männer.

Das ganz Andere setzt etwas als identisch voraus, an dem das Andere als das Andere möglich wird. Die Emphase des Anderen möchte dieses gemeinsame Identische vergessen machen, es soll eben *ganz* anders sein. Wir wollen dagegen anders und genau sein: Wenn Weiße die Geschichte Amerikas ganz anders als Schwarze sehen, ist ebendiese Geschichte mit elementaren Daten und Orten, die sie von der Geschichte Chinas unterscheidet, unbezweifelt vorausgesetzt. Es ist die Geschichte Amerikas und nicht die des Mondes. Wie weit gehen die Gemeinsamkeiten, um die Verschiedenheiten möglich zu machen? Welche Statuen und welche Griechen genau? Wenn Gottes Vernunft ganz anders ist als die menschliche, dann ist sie entweder keine Vernunft oder Identität und Differenz zur menschlichen Vernunft lassen sich bestimmt angeben.

Der Mythos der reflexiven Moderne

Die »reflexive Moderne« ist zur geflügelten Selbstverständlichkeit geworden; wer sich zur Lage der Kultur äußern will, sollte nicht versäumen, von ihrer Reflexivität zu sprechen, durch die sie sich von allen früheren Zeiten unterscheidet. Seit wann es sie gibt? In einem ersten Reflex wird man die Moderne hier nicht mit dem »homo modernus« um 15 000 v. Chr. ansetzen, sondern mit dem Beginn der Neuzeit nach Antike und Mittelalter, zwischen Luther und Descartes etwa: Ichbewußtsein, Selbstreflexion, das Reflektierte gegen das Naive. Wer zu reflektieren beginnt, entdeckt hierin eine wahrhaft naive Vorstellung über die vorreflexiven Zeiten! Sie entspringt der Reaktion auf die Kantische kritische Philosophie, die als Innovation die Überlegung über die subjektiven Erkenntnisvermögen gegen die Skeptiker und Dogmatiker praktiziert. »Reflektiert« und »naiv« werden naiv zu Epochenetiketten umgemünzt und die eigene Reflexivität zurückdatiert bis ungefähr zur Renaissance. Mit dem vorreflexiven Mythos läßt sich erfolgreich operieren, obwohl die geringste Reflexion und Kenntnis der Antike und des Mittelalters die Haltlosigkeit des Naiven-Mythos zeigen; aber es ist die Eigenschaft von Mythen, daß sie reflexionsimmun sind, bis sie absterben.

Radikal

Zur Durchsetzung gehört das Radikale, Kierkegaard ist radikaler Christ, Nietzsche ist radikaler Aufklärer, aber auch radikaler Gegenaufklärer, Marx ist ein radikaler Denker. In der Umgebung des Wortes sollte auch das mildere »kritisch« einfließen, wer wollte schon unkritisch sein, vielleicht so: »einer kompromißlos radikalen Kritik unterwerfen«. Auch radikal widersprüchlich; Nietzsches tragisch-radikale Grunderfahrung muß in aller Deutlichkeit mit ihren Widersprüchen zur Sprache kommen. Die unüberbietbare Radikalität der Seinsfrage, wie sie Heidegger nach Orpheus und Hölderlin erneuert. Auch: Daß *alles* ohne jedes Tabu in Frage gestellt wird. Ferner so tiefgründige Vorhaben wie: Das Werden denken, das Böse denken, das Veritable und die Wirklichkeit und das Nichtsein radikal zu Ende denken, das Offene (radikaler noch als Agamben), das Politische (radikaler noch als Carl Schmitt). Vielleicht zum Auffrischen: »In radikaler Behutsamkeit«, etwa von einem Denker des unvordenklichen Bewußtseins. Unentbehrlich ist natürlich auch die profunde Widersprüchlichkeit der heutigen Welt, und immer noch die radikale Bewegung.

Die Zukunft

»Wir haben die Zukunft hinter uns«, sagt ein Mann aus Tiksi, dem Tor zum Eismeer, früher ein bedeutender Umschlagplatz, heute eine frühere Stadt aus Schrott.

La condition humaine

Der Mensch ist offenbar ein Dämon, der erst bei sich ist, wenn er außer sich ist. Der Mensch muß zwanghaft die Welt durchmustern und jedes Ding an sich zu einem Gegenstand für sich, den Menschen, umbestimmen. Die Grundmaxime ist: Nichts an und für sich sein lassen, weder den Urwald noch den Indio-Stamm oder die Korallenriffe, den Mond, den Mars, die Menschen selbst. Was an sich so ist, wie es immer schon war, wird einverleibt und, wenn es domestiziert überlebt, in ein »für uns« umkonzipiert, Urwald und Erdöl, alte Bräuche, selbst Ruinen: *Use it*, nur durch den Gebrauch, deinen Gebrauch, wird es real. Das Subjekt hält sich für nichts, wenn es sich nicht in Objekten realisiert und die äußere Substanz in eine ichdependente Funktion verwandelt, jedes Ding perspektivisch vor sich bringt und für sich zurechtbiegt und verbraucht.

Auto-Fernsehen

Der Menschheits-Imperativ, die Dinge *an sich* progressiv in Erscheinungen *für sich* zu verwandeln, ist in gegenläufiger Tendenz im Automobil und im Fernsehen wunderbar verwirklicht. Beim Fernsehen wird an dem im Sessel dösenden Bürger eine bewegte Welt als Fenstererscheinung vorbeigetragen, während der Autofahrer selbst umgekehrt auf seinem Sessel an einer ruhenden Welt vorbeigetragen wird, die er durch das mitbewegte Fenster betrachtet. Das Reflektiertwerden der Moderne: Die erste Potenzierung dieser *conditio humana* erlebt man, wenn im Fernsehen Autorennen zu sehen sind; man sieht auf ruhendem Sitz vorbeidonnernde Boliden, deren Fahrer ihrerseits die feste Außenwelt an sich vorbeirasen sehen. Die zweite und dritte Potenzierung: Es gibt im Auto Fernsehschirme, so daß der bewegte Betrachter nach außen in die ruhende Landschaft sehen, aber auch zum Schein ruhend vor sich bewegte Bilder sehen kann. Der reflektierte Höhepunkt dieser bewegten Auto-Innenbilder ist zweifellos das Autorennen, das Kinder und Erwachsene live auf den Hintersitzen verfolgen.

Könnte man die Altmeister der bewegten Betrachter, Kopernikus und Galilei, in eines dieser Automobile stecken, wären sie sicher verwirrt.

Irgendwo und irgendwann

Alice: »Und was ist wirklich? Es muß doch alles Wirkliche irgendwo und irgendwann sein, sonst ist es nicht.«

König: »Ach was! Du bist doch kein kleines Kind mehr!«

Elfenbeinturm

Die Berliner Ministerin sprach am Schluß der Komiteewoche vor den Universitätsfunktionären noch einmal intensiv von der notwendigen Einbindung auch der Geisteswissenschaften in die Erfordernisse der Wirtschaft. Die öffentliche Darstellung von Fächern in Aktionswochen und in der »Nacht der Wissenschaft« habe absoluten Vorrang vor unnötigen Detailkenntnissen, dies gehe auch deutlich aus dem Schaffen Albert Einsteins hervor, dem sie sich seit ihrer Kindheit besonders verbunden fühle. Einstein habe nicht im Abseits geforscht, sondern im Patentamt, um seine Ergebnisse sofort patentieren und veröffentlichen zu lassen.

Besonderen Beifall erhielten die pointierten Sätze der Ministerin gegen den typisch deutschen Elfenbeinturm, den es in Amerika einfach nicht gebe. Einige ältere Teilnehmer lachten; der Grund des Lachens blieb den jüngeren unklar, auch der Ministerin.

Wahrheit

»Sie erzählen hier eine wirklich wunderbare Geschichte! Haben Sie das alles miterlebt?«

»Ja, ich war dabei! Ich habe alles gesehen.«

»Wie, Sie waren zu der Zeit selbst in Kastilien?«

»Schon, aber es ist so: Der Freund, der einem Freund von mir diese Geschichte erzählt hat, sagte ihm, sie sei so wahr, daß er sagen könne, auch er sei dabeigewesen, und das hat wiederum mein Freund auch zu mir gesagt – wenn ich diese unbezweifelbare Geschichte erzähle, kann ich sagen, ich hätte das alles miterlebt.«

»Erzählen Sie weiter.«

Odysseus

»Entschuldige die Störung, ich möchte endlich Homers *Odyssee* lesen, nach James Joyce und so vielen Filmen. Tausend Geschichten, schönste Gesänge, wie ich schon weiß. Was muß ich besonders beachten?«

»Achte zunächst auf das, was Zeus am Anfang der *Odyssee* beklagt: Wie Agamemnon, der Führer der Griechen vor Troja, nach Hause kommt (die genaue Route, die er vom zerstörten Troja nach Mykene nahm, kennt keiner, aber er wird phantasielos den kürzesten Weg genommen haben). Vor Mykene angekommen, läßt er sich ankündigen und betritt dann breitspurig seinen Palast, überstolz über den Sieg, der nicht seinen Waffen, sondern der List des Odysseus zu verdanken war, denn Odysseus hatte die Idee mit dem hölzernen Pferd. Agamemnon trat in seinen Palast, nahm ein Bad und wurde mit einer Axt von Klytemnestra, seiner Frau, und Ägisth, deren Liebhaber, erschlagen – das Ende der Herrlichkeit des Atriden.

Und dann die *Odyssee.* Odysseus trifft bei seiner wechselvollen, anekdotenreichen Rückkehr von Troja auf immer neue Hindernisse, gewaltige Stürme, einäugige Riesen, wunderbare Frauen, alle stellen sich ihm in den Weg, trainieren seine List und Geduld, bis er nach 12 abendfüllenden Gesängen in Ithaka eintrifft, wo Penelope auf ihn wartet. Und nun lies, wie er sich langsam seinem Palast nähert. Er sondiert zunächst, wie es dort steht, verstellt sich und kehrt beim Schweinehirten ein. Im eigenen Palast voller Freier um Penelope spricht er als Bettler vor, nur sein alter Hund Argos erkennt ihn, wedelt mit dem Schwanz und stirbt. Danach entdeckt eine Magd beim Waschen seiner Füße seine alte Narbe am Bein und erkennt ihn. Sie schweigt, und so kann Odysseus die Rückkehr in seine alten Rechte weiterführen; mit Telemachos, seinem Sohn, bereitet er den Kampf gegen die Freier im eigenen Haus vor. Er wird nicht von dem *einen* Ägisth brutal mit der Axt erschlagen, sondern er besiegt mit Telemach die vielen Ägisthe, die 108 Freier, mit Lanzen und Pfeilen. Man sieht den allmählichen Aufstieg der Wiedererkennung vom Hund über die Magd und die Narbe am Bein, das Niederboxen des Bettlers bis zum offenen Kampf mit den Fernwaffen der Adligen. Hätte Agamemnon doch die *Odyssee* lesen können!

Kompositorisch gelingt es Homer auf diese Weise, am Anfang des Epos auf das Ende hinzuweisen, so daß die unendlich vielen Erzählungen zu einer Einheit zusammengefaßt werden. Dies ist möglich, weil der allwissende Zeus nicht nur um die Heimkehr des Odysseus nach Ithaka weiß, sondern am Anfang der *Odyssee* auch schon deren Ende kennt, und von Zeus weiß es die Muse, die es Homer sagt, in dessen Dichtung dies steht.«

Vom Wandel der Träume

In den guten alten Traumzeiten träumten die Menschen von dem, was ihnen bevorstand; die persönliche Zukunft sandte ihre Glücks- und Katastrophenboten in der Nacht, wenn die Seele nicht mit den Quisquilien des jeweiligen Alltags von gestern und vorgestern beschäftigt war. Der Traum warnte und verhieß das Kommende, weil er die Seele aus dem dunklen Land des Noch-nicht besuchte. Jeder Traum hatte Teil an den großen Träumen der Seher und Propheten, die die Botschaften des entrückten, aber zukunftsmächtigen Gottes enthielten. Die modernen Träume haben dagegen diese Weisungskraft verloren und sind zu Schatten und Reflexen und Dienern der Vergangenheit geworden, ihnen wird die Mühe aufgebürdet, die seelischen Verletzungen des Träumers in seiner nächtlichen Seelenhydraulik hoch- und hinunter zu pressen und mühevolle Traumarbeit zu leisten. Aus den Orakeln und Prophezeiungen ist ein profaner Seelenservice geworden, eine Buchhaltung für den Analytiker, der mich zurückrechnet in die Vergangenheit, die meine Seele gerne vergessen hätte.

Achill

Die Menschen haben heute aus guten und schlechten Gründen das Interesse an den Toten verloren und verweigern ihnen, den Toten, selbst das Nicht-Dasein als bloßer Schatten. Als die Toten trotz ihrer Armut und Ohnmacht noch die Unterwelt bewohnen durften, wagten sich kühne Männer hinab zu ihnen: Herakles, Orpheus, Odysseus, und, ihnen nacheifernd, Christus aus dem Vorderen Orient und Dante, der Florentiner. Der tote Achill teilte Odysseus bei dessen Besuch in der Unterwelt etwas Erstaunliches mit: »Preise mir jetzt nicht tröstend den Tod, ruhmvoller Odysseus. / Lieber möcht ich fürwahr dem unbegüterten Landmann, / Der nur kümmerlich lebt, als Tagelöhner das Feld baun, / Als die ganze Schar vermoderter Toter beherrschen.« (XI, 488–491) Es muß nach Achill etwas am menschlichen Leben sein, das ihm einen Wert und einen Sinn gibt, einfach so, wie immer die äußeren Umstände uns mißhandeln. Die Frage, die den bei all seinen Fahrten und Höllenfahrten am Ende doch oberflächlichen Odysseus nicht interessierte, war: »Worin, Achill, besteht deiner Meinung nach das Lebenswerte des Lebens als solchen?« Hätte Odysseus nur Geduld gehabt, hätte er Achill nur gefragt! Würde Achill dem verzweifelten Selbstmörder raten, auf jeden Fall am Leben zu bleiben? Hatte Achill eine Antwort auf die Frage, warum niemand das eigene Leben als Kopie noch einmal leben möchte? Einige Kommentare nehmen an, Achill beziehe sich darauf, daß in der Unterwelt alles gleichgültig werde; selbst der unendliche irdische Schmerz an Körper und Seele sei eine sublime Freude gegenüber der alles erfassenden Gleichgültigkeit in Ewigkeit.

Gemischte Gefühle

Die Attraktion des Brutal-Schrecklichen beim Besuch der Gladiatorenkämpfe schildert auch der heilige Augustin in seinen *Konfessionen.* Hier findet man die Vorformen des Unfall-Tourismus – jeder möchte das Schreckliche mit eigenen Augen sehen, aber selbst ungefährdet sein.

Diese anthropologische Beobachtung läßt sich auf Tiere ausdehnen: Spielende Hunde wollen ebenso wie kleine Kinder erschreckt werden, immer noch einmal, aber nur zum Schein. *Delightful horror.*

Über den Erfolg der Schwäche

»Nothing succeeds like success«; aber das Gegenteil steht dem Erfolg hierin nicht nach, der Mißerfolg produziert einen Mißerfolg nach dem anderen, dem Straucheln folgt das neue Straucheln auf den Fuß, die Schwäche wächst mit Macht, jeder Fehler lauert auf seine rasche Wiederkehr, die Anstrengung, ihn zu vermeiden, erzeugt seine Nachgeburt mit Gewißheit in den Stunden der Schwäche. Das hilflos-werbende Lächeln des Gescheiterten sagt jedermann im Klartext: Auf mich ist kein Verlaß. Wirkliche Krisen haben die Kraft, sich aus sich selbst zu vertiefen und noch die Maßnahmen zu ihrer Bewältigung in den Strudel nach unten zu ziehen. Psychologie der Schwäche: Ihr Thema ist die Dynamik, die sich in der schwachen Psyche entfaltet, die sie kraftvoll von Fehlleistung zu Fehlleistung führt und steigert, bis das Ziel, die Vernichtung, erreicht ist.

Grausam

In der Vergangenheit wurde die Vivisektion regelmäßig als grausam bezeichnet (aber deswegen nicht angefochten, keiner, kein Christ, kein Heide, empörte sich). Der Täter grausamer Handlungen ist kein Tier, sondern ein Mensch, der Gegenstand ist im Normalfall nicht er selbst (»grausame Selbstverstümmelung«), sondern ein anderes Lebewesen (nicht die Gattung, die eliminiert wird, sondern das schmerzfähige Individuum). Was an der Handlung ist grausam? Die bewußte Hinzufügung von Schmerzen gegenüber wehrlosen Lebewesen gegen ihren Willen nur um der Schmerzen willen. Das Muster ist die Folter eines Menschen, nicht die Kriegshandlung, denn im Krieg ist der Gegner im Prinzip nicht gänzlich wehrlos; nicht die Operation, denn der Operierende operiert nicht gegen den wirklichen oder unterstellbaren Willen des Patienten um der Schmerzen willen. Der Folterer des festgeschnallten Opfers steht an der Spitze des Abschaums der Menschheit, er genießt den zugefügten dosierten Schmerz oder führt die Handlung selbstlos aus; Mengele, Guantánamo. Wir wünschen das Dantesche Infernum herbei, wenn wir an eine halbwegs angemessene Strafe denken. Eine möglichst grausame Strafe für grausames Handeln, foltert die Folterer, was denn sonst? So grausam wie möglich.

Seltsam, daß dieser natürliche Wunsch kein Entschluß werden darf. Die gesamte Zivilisationstätigkeit konzentriert sich auf diesen Punkt: Der Bestie den Status des Menschen zuzubilligen, und die Bestrafung an dem zu bemessen, was Menschen anderen Menschen antun dürfen, nicht foltern, nicht töten.

Warum? Warum nicht?

»Und warum sind Sie in den Ferien gerade nach Sri Lanka gefahren?« »Einfach so, warum nicht, ein unheimlich billiges Angebot. Eine ganz alte Kultur, und man kann gleich dahin gehen, wo keine Touristen sind, auch bei den Restaurants, wir haben immer das gegessen, was die Leute selbst essen, unheimlich gut. Aber auch sonst.« »Und in welcher Sprache unterhält man sich mit den Einheimischen?« »Das eigentlich weniger, aber es war wirklich schön, drei Wochen. Und überall sehr nette Menschen, auch die Kinder so freundlich, sie lachen und freuen sich ganz einfach am Leben. Alles ganz anders als hier, keiner steht unter Stress, niemand ist neidisch, man lebt einfach die eigene Identität, das eigene Leben. Wir sind alle unheimlich begeistert.« »Und was tragen Sie da auf dem Kopf?« »Ach, das ist die beliebte Seemannsmütze aus dem Shop des Flugzeugs beim Rückflug für nur 19,99 Euro, extra für die Gäste der Fluglinie angefertigt.«

Drei Freundinnen

Ein Freund der Familie: »Hallo, Vanessa! Wo bist du denn gerade?« »Bei meiner neuen Freundin Jasmin. Die kennst du noch nicht. Sie ist neu hier.« »Und deine Mama?« »Die ist auch bei einer Freundin, sie hat telefoniert, ich weiß aber nicht, wo sie ist.« »Und dein Vater?« »Der ist auch bei einer Freundin, und da weiß ich auch nicht, wo. Aber er hat mich auch auf dem Handy angerufen.« »Das ist ja lustig.« »Ja, das finde ich auch.« »Und was macht ihr?« »Wir sehen gerade etwas Lustiges im Fernsehen.« »Und wie heißt der Film?« »Nein, einfach so zum Lachen. Tschüüs.«

Zwei Freundinnen

Jasmin: »Hallo Vanessa! Ich lande übermorgen in Tegel am späten Vormittag, 11.15 Uhr. Kommst Du? Holst Du mich ab? Sonst ist niemand da. Please.«

Vanessa: »Ach, hätte ich das nur vorher gewußt! Aber morgen abend gehe ich zu einer Party, und am nächsten Morgen stehe ich dann erst spät auf. Schade.«

Logisch

»Warum sind Sie drei Tage nicht zur Arbeit gekommen?«

»Ich war einfach nicht motiviert, und wenn ich nicht motiviert bin, wird aus der Arbeit nichts, das weiß doch jeder. Das sagte unser Lehrer auch: Alles, was man tut, muß man wirklich wollen und sonst lassen.«

»Ach so. Trotzdem, tut mir leid, aber hier sind Ihre Entlassungspapiere.«

»Danke. Tut mir auch leid.«

Überfordert

Der einzelne Mensch und die Menschheit insgesamt sind in moralischer und in intellektueller Hinsicht weit überfordert, im Zusammenleben und in der Auseinandersetzung mit der Natur, nicht erst jetzt, sondern von Anbeginn, nur heute mehr denn je, weil fast jede Problemlösung auf die Dauer defekt ist und neue und schlimmere Probleme und Lösungsversuche nach sich zieht. So taumelt die Menschheit um sich schlagend voran und verstrickt sich in immer größeres Töten und Vernichten, überfordert, die Situation zu erkennen, überfordert, sie mit zukunftsfähiger Moral zu lösen (außer auf dem Papier). Die Überforderten sind auch und besonders überfordert, die Überforderung zu erkennen; erst post festum, wenn die Katastrophe ihren Lauf nimmt, merkt jeder hilflos, daß alles notwendig, aber falsch war.

Hitler hätte als Kind ohne Schläge, mit einer verständigen älteren Freundin und danach als Anstreicher in einem strengen Betrieb und bei achtsamen menschenfreundlichen Kollegen keine schlechte Figur gemacht, vielleicht auch im Ortstheater, für alles andere war er überfordert. Die Deutschen und Österreicher waren überfordert, dies einfache Faktum zu erkennen – wir heute erkennen es auf den ersten Blick. Man spricht dann vom Schicksal oder, kirchlicherseits, vom Bösen.

Menschenrecht des Auges

Die Verletzungen des Sehens lassen sich weder metrisch genau bestimmen noch rechtlich vor einem Menschengericht einklagen, die betonierte Bürokratie sieht nicht, was gemeint ist, wenn von einer Rechtsverletzung des Auges gesprochen wird. »Zeigen Sie genau, was Sie meinen, was wird durch die neue Brücke entstellt? Wieso?«, und der Kläger verläßt beschämt den Gerichtssaal.

Ein schöner Sommertag

Sokrates: »Bei der Here! Dies ist ein schöner Aufenthalt. Denn die Platane selbst ist prächtig belaubt und hoch und des Gesträuches Höhe und Umschattung gar schön, und so steht es in voller Blüte, daß es den Ort mit Wohlgeruch ganz erfüllt. Und unter der Platane fließt die lieblichste Quelle des kühlsten Wassers, wenn man seinen Füßen trauen darf. [...] Und wenn du das suchst, auch die Luft weht hier willkommen und süß und säuselt sommerlich und lieblich in dem Chor der Zikaden. Unter allem am herrlichsten aber ist das Gras am sanften Abhang in solcher Fülle, daß man hingestreckt das Haupt gemächlich kann ruhen lassen. Kurz, du hast vortrefflich den Führer gemacht, lieber Phaidros.«

Phaidros: »Bei Zeus, wie wohlklingend deine Worte sind,

o Sokrates, und wie fein sie zu dem Ort passen, über den du sprichst! Keiner der Athener hält so herrliche Reden wie du! Wenn da nur der böse Einspruch des Diogenes nicht wäre, du weißt, der Kyniker von Sinope am Schwarzen Meer.«

Sokrates: »Sehr wohl, mein Phaidros; doch ich konnte ihm bisher entweichen. Xanthippe, mein ungebildetes Weib, redet dauernd von ihm und lobt seine Selbst-Aufführungen, vor allem seinen Ruf ›Zurück zur Natur‹, mit dem er gegen die Athener wettert. Das ist nun freilich lächerlich und geziemt sich nicht für einen freien Menschen und Bürger der Stadt.«

Phaidros: »Gar sehr liebe ich deine Worte, o Sokrates. Doch die Sklaven und die Armen und die Metöken hören ihn gern, den Falschmünzer, der in einem Faß lebt und nicht über die Tiere hinaus will und dem Großkönig Alexander sagte: ›Geh mir aus der Sonne, das wünsch ich mir, und mehr nicht.‹ Alle riefen laut ihren Beifall, und Alexander der Große ging verstört zurück zu seinen makedonischen Soldaten.«

Sokrates: »Auf denn, lieber Phaidros, lassen wir den Fremdling und wenden uns den schönen und wohlgeformten Reden zu, nichts anderes möchten wohl die Nymphen dieses Haines von uns hören.«

Phaidros: »Sehr wohl sprichst du, und mir scheinen die Nymphen und die Faune dir gerne zu lauschen. Auch wenn du die äußeren Güter und den Reichtum für nichts erachtest, auch die Gesundheit und Wohlgebautheit des Körpers und den Ruhm und Ruf in den umliegenden Städten, Korinth etwa und Theben, gering schätzt und einzig das Wohl der Seele preist und das Wissen von dem wahrhaft Guten an sich, der Idee des Guten, wie dein reicher und gelehrter Schüler Platon sagt. Doch Diogenes der Kyniker rief auf dem Markt, daß unsere Philosophie und Redekunst und überhaupt alles Gute und Schöne und Wahre in Athen nur möglich sei, weil wir den Reichtum aus den Kolonien raubten, und daß die Hügel und Berge und die lieblichen Orte um Sinope abgeholzt würden, um die großen Schiffe unserer

Flotte bauen zu können, und daß die Zerstörung der Wälder um das Mittelmeer noch sichtbar wäre, wenn niemand sich mehr für die Platonischen Dialoge interessierte, und daß jetzt schon die Götter des Wetters alles eben deswegen ändern würden, das Klima würde anders, weil Athen die Wälder der Kolonien abholzte.«

Sokrates: »Solche Worte redet er?«

Phaidros: »Eben dies tat er, und die Menge klatschte in ihrer blinden Weise Beifall, und er sagte, er könne nicht so kunstvoll reden wie die Rhetoren Athens, er sage nur mit schlichten Worten die Wahrheit, und wieder brauste der Beifall über den Markt.«

Sokrates: »Und ändert er mit seinen Worten die Gesinnung der Kaufleute und der Kriegsleute, endet er den Wahn der Reichen und Mächtigen, oder erreicht er nur den rasch anschwellenden und abklingenden Beifall der Menge? Halten wir uns, guter Phaidros, doch an das, was in unserer Macht liegt, die gut stimmende Rede und die Untersuchung des Wahren und Schönen, und danken wir den Göttern für diesen Hain, den uns die Nymphen und Faune bereiten.«

Kaum hatte er jedoch diese hehren und wahrhaft sokratischen Worte gesprochen, da fuhr ein Wind mit Regen und ungewohntem Hagel und Schnee durch die Bäume und Büsche, und eilends kehrten sie heim, Sokrates zu Xanthippe und Phaidros zum festgefügten Haus seiner Eltern.

Phaidros jedoch kam am folgenden Tag zur großen Platane zurück und ordnete seine Gedanken über einen Riß in der Welt; hier Sokrates und Platon, dort Diogenes der Kyniker. Er schrieb darüber ein umfangreiches Buch, aber die Verleger wiesen es zurück, weil der Inhalt ihnen unglaubwürdig schien. Diogenes sagte ihm, wer nachdenkt, schreibt nicht; aber das hatte auch fast wörtlich Sokrates gesagt.

Vor uns

Die Sumerer und andere frühe Völker des Orients waren der Auffassung, daß die Vergangenheit vor ihnen war und sie ihr ins Angesicht sahen, während die Zukunft, in die sie sich hinein bewegten, unsichtbar und unbekannt hinter ihnen lag. Wohin stürzt die Menschheit, die meint, die Zukunft liege uns vor Augen? Die Zukunft ist nicht machbar, und sie liegt dort, wo wir nichts sehen, in unserem Rücken. Jeder wendet sich ungläubig ab, als ob es umgekehrt wäre.

»Es gibt ein Bild von Klee, das Angelus Novus heißt. Ein Engel ist darauf dargestellt, der aussieht, als wäre er im Begriff, sich von etwas zu entfernen, worauf er starrt. Seine Augen sind aufgerissen, sein Mund steht offen und seine Flügel sind ausgespannt. Der Engel der Geschichte muß so aussehen. Er hat das Antlitz der Vergangenheit zugewandt. Wo eine Kette von Begebenheiten vor uns erscheint, da sieht *er* eine einzige Katastrophe, die unablässig Trümmer auf Trümmer häuft und sie ihm vor die Füße schleudert. Er möchte wohl verweilen, die Toten wecken und das Zerschlagene zusammenfügen. Aber ein Sturm weht vom Paradiese her, der sich in seinen Flügeln verfangen hat und so stark ist, daß der Engel sie nicht mehr schließen kann. Dieser Sturm treibt ihn unaufhaltsam in die Zukunft, der er den Rücken kehrt, während der Trümmerhaufen vor ihm zum Himmel wächst. Das, was wir den Fortschritt nennen, ist *dieser* Sturm.« (Walter Benjamin)

Zukunft

Panzer der Zukunft sind in die Vorstädte eingerückt und nähern sich mit langsamen, tastenden Bewegungen dem Regierungsviertel und dem Präsidentenpalast, ohne daß die da drinnen es wahrnehmen, obwohl sie das Dröhnen doch hören müßten. Die Regierenden rechnen noch immer mit stabilen Beziehungen zu den Kolonien der Zukunft, aber die künftigen Land- und Menschenmassen und Ressourcen gehörten nie der Gegenwart. Die Machthaber hatten sie ohne rechtliche Grundlage zunehmend besetzt und ausgebeutet, und weil sie auf keinen Widerstand stießen, kalkulierten sie auf weitere Jahrzehnte mit festen Profiten, um so in der Gegenwart gut leben und regieren zu können.

Die Bewohner der Außenbezirke blicken gespannt und ängstlich auf die Panzerkolonnen, die mit ihren dumpfen Motoren an ihnen vorbei ins Zentrum der Metropole rükken. Nur vereinzeltes Feuer aus Maschinengewehren ist zu hören.

Fortschritt I

Wer schreitet fort? Nicht das Universum mit seinen Galaxien und Gegen-Galaxien, nicht das System der Planeten, nicht die Pflanzen und Tiere, sondern allein die Menschheit. Gibt es sie als einheitliches schreitendes Menschen-Wesen? Sicher nicht, wenn hier etwas schreitet, ist es ein gesichtsloses massenhaftes anonymes Es, das von keinem Menschen abhängt und auf keinen einzelnen Menschen angewiesen ist. »Fort« – weg, aber wohin? Geradeaus in ein unendliches Glück oder Unglück? Das Schreiten des Fortschritts ist eine Sache der unteren Gliedmaßen; was sagt der Kopf dazu? Leitet vielleicht die »invisible hand« den Fortschritt, blind und unwissend, wie es tastende Hände eben sind? Der subjektlose Vorgang ein Blindensturz? Alles geschieht nachweisbar mit den kleinen Verbesserungen, die die Arbeit zerlegen und fortdelegieren, der Fortschritt im Ausbau der Airbusse zu Kleinstädten, der Fortschritt in der Intelligenz der Haustüren, der Tarnkappenjäger und der Vorhersagen des Wetters. Die Gewalt der Fortschritte ist so umwerfend, daß sich niemand dem Mitschreiten entziehen kann, auch du nicht, *little nemo.*

Das Dreiklassen-System

Während Marx die Gesellschaft in zwei Klassen einteilte, hat der neue Beschluß der Kultusministerkonferenz klargestellt: Die deutschen Universitäten setzen das preußische Dreiklassensystem fort und zerfallen in drei Stände: Die Schönen und Reichen und exzellent Begabten gehen in die drei oder vier Exzellenzuniversitäten bzw. Max-Planck-Institute unseres Landes, alles perfekt ausgestattet, jedem Romanistikstudenten stehen zwei Griechischlektoren zur Seite für alle etymologischen Eventualitäten, jedem Techniker drei Mathematiker, man spricht praktisch nur Amerikanisch, auf den Fluren sieht man die langbeinigen Präsidententöchter aller Länder dieser Erde, in den Labors drängen sich die Nobelpreisträger. Die Studiengebühren bewegen sich zwischen 30 000 und 40 000 Dollar pro Semester. – Sodann gibt es die Universitäten der Mitte, Sprache: Deutsch und Englisch, »Department of Soziologie«; »Welcome-Zentrum«; Gebühren 3000 bis 4000 Euro pro Jahr, Traditionsorte wie Tübingen, Erlangen, vielleicht Marburg. Die einzelnen Departments werden nach unterschiedlichen Inhalten getrennt. – Die untere Klasse spricht noch mit Stolz [von »stultus«, dumm, RB] nur deutsch, Gebühren 210 – 213 Euro pro Studium, Präsenz obligatorisch, Schnellkurse für Fremdsprachen, Anwärter: Lehrer des einheitlichen Schultyps; Lehrende: Pädagogikfunktionäre. Inhaltliche Differenzen einzelner Fächer fallen fort, denn das Studium richtet sich ausschließlich auf die Vermittlung, »wie«, nicht »was« ist die Losung. Da die Lehrenden dieses dritten Typs nur gering bezahlt sind, vermittelt das Rektorat ihnen gegen geringe Gebühren Zweit- und Drittberufe. Die Studierenden können die Vorlesungs- und Übungsräume nachts als Schlafsäle benutzen. So bewährt sich hier die alte Idee praktizierter Humanitas. Die Orte dieser humanen Universitäten namentlich zu nennen verbietet die Höflichkeit.

Liquidation: liquidiert. Fortschritt II

»Liquidation« steht auf dem Ausdruck, aber auch »Rechnung Nr. 534679«. Jeder weiß: Keine Dachdecker- oder Weinrechnung, sondern eine Arztrechnung. Aber warum schreiben die gebildeten Ärzte »Liquidation« und nicht einfach »Rechnung«? »Liquere« heißt »flüssig sein«, auch »einleuchtend sein«, »liquor« also »Flüssigkeit«, »Likör«. »Liquidatio« gibt es nicht im alten Latein. Der Arzt erlaubt sich, eine bestimmte Summe für seine Bemühungen zu »liquidieren«, anders als alle anderen, die eine Holzrechnung grob ins Haus schikken. Wie und wann immer es zu der noblen »Liquidation« zur Abgrenzung von der niederen Handwerker- und Geschäftsrechnung gekommen ist: Die Ärzte möchten mit dem pseudolateinischen Titel kaschieren, daß sie mit den Rechnungen, die sie versenden und eintreiben lassen, den Hippokratischen Eid brechen. Der Eid besagt, daß der Arzt sein Können einsetzt »zum Nutzen der Kranken entsprechend meinen Kräften und meinem Urteil« – da wird von der Zahlungsfähigkeit des Kranken nichts gesagt. Wer genügend Geld hatte, ließ dem Arzt so viel zukommen, daß dieser die Armen umsonst behandeln konnte; in diese Tugenden und das Augenmaß des ungefähren Wieviel mußten sich alle einüben. Diese Praxis gab es in Europa an einigen Orten bis in die Nachkriegszeit. Wenn Rechnung, dann bitte auch die Preistafel: 1 Herzschrittmacher: 1580 Euro; 2 Herzschrittmacher 2000 Euro; Privatkunden die Hälfte. Preisknüller zum Wochenende: Künstliches Hüftgelenk für nur 69,99 Euro!

Die ausdifferenzierte Moderne

Die Vorstellung steht jedem als fertige Wahrheit zur Verfügung: Was vorher ungeschieden roh zusammenlag, das hat die Moderne analytisch ausdifferenziert, alles in seine korrekten Teilungen gebracht; besonders die Arbeit hat sich bis zur Vollkommenheit ausdifferenziert – während in der vormodernen Produktion ein einzelner Nagelschmied vielleicht zehn Nägel am Tag herstellte, hat die Differenzierung in einzelne Teilstücke dazu geführt, daß eine Maschine hunderttausend Nägel pro Sekunde fabriziert, ein unübersehbarer Fortschritt. Adam Smith und die Taylorisierung der Arbeit sind die Schutzpatrone der ausdifferenzierten Moderne.

Die Gegenbewegung läßt sich leicht zeigen, die ungeheuren Differenzverluste der Moderne in der Bildung von Menschen. Kein Maler könnte heute so differenzierte und tiefsinnige Bilder zustande bringen wie die Maler der Renaissance und des Barock, dagegen bestaunen wir undifferenzierte eindrucksvolle Farbflächen. Der frühere Maler mußte in höchster Differenziertheit seine Farben selbst anrühren können – welcher Maler kauft sie heute nicht im nächsten Supermarkt? Die Tätigkeit des Handwerkers setzte höchst differenzierte Einzelkenntnisse voraus, die Zünfte waren vielfältig unterschieden, überall wurden subtile Unterscheidungen der Stoffe und ihrer Bearbeitung verlangt, die Gerüche spielten beim Kaufen der Waren eine Rolle – die Litanei der verlorenen Unterschiede endet nicht. Lektüreempfehlung: *Das Lexikon untergegangener Berufe* von Rudi Palla, 1998; *The World We Have Lost* von Peter Laslett.

Wer »ausdifferenziert« sagt, gibt zu verstehen, daß es nach seiner Erkenntnis mit der Differenzierung jetzt zu Ende und aus ist, weiter kann es wirklich nicht gehen. Und wenn wir Steinzeitmenschen sind, gemessen an den Differenzierungen, die die selbstvergessenen Menschen noch vollbringen müssen?

Merckwürdig

»Merckwürdig ist, daß Hr. Leibnitz eine Fliege, wenn sie ihm auch noch so große Beschwerlichkeit verursachet hatte, nicht getödtet habe. Auf Befragen, warum er einen solchen nach den bürgerlichen Rechten erlaubten Todtschlag zu begehen Bedencken trüge, pflegte er zu antworten: Man thue unrecht, ein so kunstvolles Lebewesen zu destruiren. Der berühmte Herr Christian Breithaupt berichtet solches. Wo der Hr. Breithaupt diese Nachricht von Herrn Leibnitz herhabe, meldet er nicht.«

Armes »weil«

Eigentlich folgt auf das »weil« ein Nebensatz, weil das »weil« die Ordnung zwischen dem Hauptgedanken und dem subordinierten Nebengedanken stiftet, also eine syntaktische Funktion hat, deren Handhabung eine gewisse Satzgewalt und Sachkenntnis voraussetzt. Man muß wissen, was sich gehört; dem Hauptsatz gebührt der Hauptplatz, und das »weil« sagt, daß dies nicht so sein könnte, wenn da nicht ein bestimmter objektiver Grund seine hilfreichen Dienste getan hätte, ein Diener in Livree also, der um Anstand und Rangordnung weiß. Man achte auf das Schicksal des »weil«; es ordnet nicht mehr die Etikette des Oben und Unten, es stiftet nicht mehr die Syntax von Faktum und Grund, sondern ist in die Ebene der subjektiven Parataxe geraten. Man sagt nicht: »Ich komme zu spät, weil ich anderes zu tun hatte«, sondern: »Ich komme zu spät, weil – [kurze Pause] ich hatte anderes zu tun.« Das »weil« organisiert den Satz nicht mehr, sondern setzt nur zwei Gedanken nebeneinander. Summa summarum: Das ursprünglich hypotaktische »weil« übernimmt damit die Funktion des früheren parataktischen »denn«. Das Nebeneinander wächst wie die Gleichgültigkeit, die ihm folgt und vorhergeht. Eine Messe für das »weil« einer verlorenen Bildung.

Gesprächskultur

Auf dem Heimweg. »Sie haben sich an dem Gespräch über ein Buch beteiligt, das Sie nicht gelesen haben. Jeder mußte glauben, daß Sie ein genauer Kenner des Werks sind – wie konnten Sie das tun? «

»So ist es, wir können uns mit einiger Intelligenz einmischen, ohne etwas von der Sache zu verstehen. Sie werden nicht leugnen, daß meine Beiträge der Unterhaltung eine geistreiche Richtung gaben und daß alle durch meine Beobachtungen animiert waren. Kann man mehr wollen? Alle Kultur ist Täuschung; die Indios, die sich bemalen, wollen irgendwen oder irgendwas täuschen, sie tun so, als ob sie größer und mächtiger und attraktiver sind als in Wirklichkeit – das ist die Quintessenz unserer Kultur; jeder Satz, den wir sagen, ist entweder todlangweilig, die Rose ist die Rose ist die Rose, oder aber er lebt über seine Verhältnisse. Sie benutzen das Wort ›Buch‹, aber Sie wissen nicht, ob ein dickes Heft ein Buch ist und mit wie vielen Seiten das Buch genau beginnt; ist das verkohlte und unleserliche Buch noch ein Buch? Ist die Diskette des Buches ein Buch? Die Kinderfibel? Ist der Embryo schon ein Mensch und der Tote auf der Straße noch ein Mensch? Jeder redet von Büchern und Menschen und weiß nicht, wo sie anfangen und wo sie aufhören. Ist das ehrlich? Oder blicken Sie auf die Metaphern, die kleinen verlogenen Trunkenbolde in unserer Rede, die alles aus dem Tritt bringen und doch die Menschen erst aufhorchen lassen. Und wie springt die Kunst mit der Wirklichkeit um, und dann die Religion, und allen voran die Wissenschaft! In der Kultur kommt nur der Grenzgänger zur Geltung, er muß mehr bieten, als er hat und als er kann – das Glück entscheidet über Absturz und Erfolg.«

»Auf Wiedersehen, ich biege hier ab. Viel Erfolg weiter. Was ich noch sagen wollte: Niemand hatte das Buch gelesen. Wir haben Autor und Titel vorher erfunden, um zu sehen, wie Sie reagieren würden.« »Ja und?«

»No risk, no fun«

»Don't die for a deadline.« »Behind the line is fine.« »No belt no brain.« »A microsleep can kill you in a second.« »No flag, no swim.« Napoli – Ischia: »Orari non definitivi e soggetti a variazioni.«

Um ein Haar

Als Thomas More 1535 geköpft werden sollte, ermahnte er den Henker auf dem Schafott, ihm doch ja nicht den Bart abzuschlagen, denn im Todesurteil stehe nur etwas von seinem Kopf. Um ein Haar hätte er die Contenance verloren und sich dem Wehleid um sein Leben und der Sklaverei des Schmerzes ergeben; aber dieser Einfall mit dem Bart brachte sein schlimmes Ende mit einem Lächeln zum Verschwinden. Sokrates war etwas ausführlicher und sprach stundenlang über den Tod und die Unsterblichkeit der Seele, aber beide waren große gebildete Aristokraten, die sich das gewaltsame Lebensende durch Witz und Reflexion vom Leibe hielten, bis sie ihn, den Tod selbst, nicht mehr erleben konnten.

Dépendance mutuelle

Der Niedergang der Menschheit, so lehrt Rousseau, begann mit der Delegation des Selbstgefühls an die Meinung der anderen. Als die Menschen anfingen, sich selbst im Blick und Urteil der anderen zu sehen und zu werten, verloren sie das innere Gleichgewicht und jedes Maß des Selbstwerts; sie entfalteten groteske Vorhaben, um sich in immer größeren Meinungsbereichen der anderen zu betätigen. Ein Glück, denn so begann die unterschiedliche Karriere von Schafen und Ziegen und dem Aufsteiger Mensch; ein Unglück, denn allmählich ruinieren wir alles, selbst das Land an Euphrat und Tigris.

Schicksal

Kant sagt kurz und bündig: »Es gibt indessen auch usurpierte Begriffe, wie etwa *Glück*, *Schicksal*, die zwar mit fast allgemeiner Nachsicht herumlaufen, aber doch bisweilen durch die Frage *quid juris* in Anspruch genommen werden, da man alsdann wegen der Deduktion derselben in nicht geringe Verlegenheit gerät.« Friedrich II: »Glück und Schicksal sind Wörter ohne Sinn; sie verdanken allem Anschein nach ihren Ursprung der tiefen Ignoranz zu Beginn der Welt, als man den Wirkungen, deren Ursprung man nicht kannte, vage Namen verlieh.« Napoleon: Das Schicksal und die Schicksalsstücke hätten einer dunklen Zeit angehört. »Was, sagte er, will man jetzt mit dem Schicksal? Die Politik ist das Schicksal.« Aber warum nicht wieder das Schicksal beschwören? Das griechische Drama liefert einige tiefbewegende Zitate, vorgebracht in feiner Sprache, im besonders schicksalsschweren Heute. Feiner Applaus der Hörer.

Honesty Has Gone

Hesiod sagt es: »Zum Olympos gehen sie fort und fliehen die Menschen: Heilige Ehrfurcht und Scham, nur trauriges Elend bleibet den Sterblichen.« Paul Gerhardt singt beklommen: »Die Welt hält keine Zucht, Der Glaub ist in der Flucht, Die Treu ist hart gebunden, Die Wahrheit ist verschwunden.« Bernard de Mandeville in seiner *Fable of the Bees* von 1714: »Good Gods, Had we but Honesty!« Kant 1793: »O Aufrichtigkeit! Du Asträa, die du von der Erde zum Himmel entflohen bist, wie zieht man dich von da zu uns wieder herab?« Und die Beatles: »Honesty has gone.« »Alle Festigkeit verloren.« *Die neue Mittwochsgesellschaft:* »Aber diese Bemerkung soll weiß Gott keinerlei Trost bedeuten – sie verweist lediglich auf den im alten Europa weitverbreiteten, gleichgerichteten moralischen Niedergang.« Und es wäre so einfach (Herbert Marcuse).

Sich empören

Gäbe es im psychischen Sortiment der Menschen nur den Zorn und die Freude und die Lust und Lernlust und Trauer, den Vaterkomplex und den Mutterkomplex, dann müßten die Boulevard-Zeitungen ihr Erscheinen einstellen, denn der Nerv der Kauflust der Leser liegt nicht im Streben nach Erkenntnis, nicht im Zorn auf dieses und jenes, auch nicht in der Lust, schöne und bizarre Bilder zu sehen und obszöne Gedanken zu denken, sondern in der Empörung und Entrüstung. Wir empören uns über die Bestechlichkeit der Bankdirektoren, die Fahrlässigkeit der Verwaltung, die wachsende sexuelle Gefräßigkeit in den besseren Kreisen, die freche Lüge des Präsidenten und den Betrug der Minister, weil wir uns selbst mit dem Bonus des Besseren auf dem sicheren Ufer normaler, moralischer Menschen wissen. Man kann Angst vor dem Wirbelsturm haben, aber sich nicht über Wind und Wetter empören; man kann wütend und zornig sein über die Mäuse, die schon wieder eine »Kritik« zernagt haben, aber ihr Verhalten ist nicht empörend; Tiere selbst sind ängstlich, sogar verzweifelt, sie können mit Zorn oder Wut reagieren, aber kein Delphin oder Schimpanse ist je seit Beginn der Schöpfung empört gewesen. Empörung ist ein Wechselspiel aus moralischem, umfassendem Abscheu und Selbstgenuß. Nietzsche gehört zu den Menschen, die sich im Genuß des Besserseins öffentlich empören, etwa über Sokrates, Christus und Kant, der Applaus ist ihm, dem amoralischen Rhetor, gewiß. So wie wir mit einem Schein-Schrecken vom Land aus dem Schauspiel zusehen, wie ein Schiff auf dem Meer untergeht, und dabei unsere eigene Sicherheit genießen, so wie nach großen Unfällen sich Menschenmengen aufmachen, um das Schreckliche zu sehen und sich am Straßenrand an der eigenen Unversehrtheit zu erfreuen, so durchströmt den Menschen ein Behagen, wenn er/sie sich über andere empört und, wenn möglich, die Empörung anderen im Laden, in einem Zeitungsartikel oder, wie Nietzsche, in einem Buch mitteilen kann.

In der ersten Zeile der europäischen Dichtung steht »menis«, Zorn: »Singe, o Muse, den Zorn des Achill [...]«, so beginnt die *Ilias*. Achill ist zornig, weil Agamemnon ihm Briseis, die schönste Kriegsbeute, abgenommen hat, und zieht sich zornig aus den Kriegshandlungen zurück. Er ist nicht empört oder entrüstet über die ungerechte Handlung; hätte Agamemnon dem Odysseus das schöne Mädchen genommen, dann wäre Odysseus zornig, Achill jedoch und seine Genossen hätten in ihren Zelten fröhlich gelacht, aber sich nicht empört. Hesiod, der Bauer und Kleinbürger, ist dagegen empört über seinen Bruder, der ihm das Erbe streitig macht. Bei dem Komödiendichter Aristophanes ist ein Alter empört, weil die Jugend immer respektloser wird. Wie steht es mit der Empörung in der *Bibel*? Niemand ist empört über den Befehl des neurotischen Gottes, Abraham solle seinen Sohn Isaak töten, einfach so. Wer sich empört, wendet sich an die Öffentlichkeit; Zorn und Ärger können rein privat sein, die Empörung ist schon immer mediengerecht zurecht gefühlt.

Für die Medien: Zur strategischen, marktmäßigen Auslösung des Affekts der Empörung gehört die Kenntnis der üblichen Menschen, die zu unbedeutend sind, um zur großen Korruption zu taugen, zu unbeweglich, um an den Ausschweifungen der Aufsichtsräte teilzunehmen, zu gebeugt, um durch Arroganz abstoßend zu wirken; wir/sie empören uns/sich über das Moralisch-Verfehlte und genießen die Lust, nicht beteiligt und diese Perversitäten auch nie gewollt zu haben.

Gibt es in den Redaktionen der Zeitungen einen festen Prozentsatz von Empörungsartikeln (»Und der Mörder lacht noch!«) im Angebot? Ist die Empörung überhaupt schon als Marktfaktor erfaßt und gemessen worden? Könnte man eine Empörungs-AG gründen und an die Börse gehen?

Innovativ. Bewegung

»Entscheiden Sie sich für K., er ist innovativ und wird etwas in Bewegung bringen.« Die zwei Politiker des 20. Jahrhunderts, die mehr als alle anderen innovativ waren und alle Kontinente dieser Welt in eine galaktische Bewegung brachten, waren zweifellos Hitler und Stalin. »Aber so war das nicht gemeint.« »Il Movimento«: Kein Woher, Wohin, Wozu und Warum, sondern in abstrakter Befehlsform: *Die* Bewegung.

Familie

Sehr verehrte Frau Kollegin,

als Finanzminister darf ich Ihnen auch im Namen unseres Kollegen, des Wirtschaftsministers, ausdrücklich danken für Ihre energische Vertretung der Belange der Familie! Auch wir erkennen, daß die Familie die Grundlage der menschlichen Existenz und die Basis der Zukunft der Bundesrepublik Deutschland ist. Wir möchten Sie nur bitten, die Konzeption der Familie den ökonomischen Leitlinien des Standortes Deutschland anzupassen. Es kann ja unter den Bedingungen einer globalen Konkurrenz nicht ernsthaft von einer Rückkehr zur traditionellen deutschen Familie mit Familiengrab und Hausmusik die Rede sein. Der Traum, gnädige Frau, ist ausgeträumt, das müssen auch Sie merken. Wir brauchen das agile einzelne Individuum, das auf der Suche nach Arbeit auch Angebote weit außerhalb des eigenen Wohnorts annimmt, flink wie ein Jagdhund, hart wie Kruppstahl, flexibel wie der Wendehals. Damit reduziert sich jedoch das Familienleben auf wenige Wochenenden im Jahr, und die Ehe löst sich, statistisch gesehen, nach kurzer Zeit auf; auch in Schule und Universität weichen schon, wie Sie wissen, viele alte Firlefanzen dem Marktprofil. Die Familienpolitik, verehrte Frau Kollegin, hat sich nach den ökonomischen Imperativen zu richten und nicht umgekehrt. Wir bitten Sie also, weiter die traditionellen Werte der Familie hochzuhalten, jedoch nur relativ. Alles andere ist unverantwortlich.

Mit vorzüglicher Hochachtung,

Ihr Finanzminister

Empörend

Sehr geehrter Herr Kollege,

erlauben Sie, daß ich Ihnen auf diesem Weg noch einmal meine Empörung über Ihr Verhalten ausdrücke, denn in der turbulenten Sitzung am heutigen Vormittag war dies nicht möglich. Sie haben die Disputationsleistung der Kandidatin negativ bewertet, auf eine noch schlechtere Note als bei der schriftlichen Arbeit gedrängt und insgesamt dafür gesorgt, daß Frau S. die Prüfung nicht bestand. Niemand in der Kommission war in der Sachbeurteilung anderer Meinung als Sie: alles unter Niveau, aber niemand außer Ihnen hat diese weltfremde, menschenverachtende Konsequenz gezogen! Frau S. ist mit einem arbeitslosen Deutschen verheiratet, sie ist angewiesen auf die Ausübung eines Berufs, und sie hätte bei einer guten oder auch nur mäßigen Note alle Chancen dafür gehabt – Sie haben ihre bürgerliche Existenz ruiniert! Als ob es jetzt auf die i-Punkte der akademischen Richtigkeit ankäme! S. hatte wenig Zeit bei der Abfassung ihrer Dissertation und konnte sich auf die Disputation kaum vorbereiten. Wenn man sich an das Übliche hält, wie es jeder vernünftige Mensch tut und aus Verantwortung auch tun muß, dann hilft man einer Kandidatin – Sie dagegen haben ihr ein Bein gestellt! Ich vermute, daß Ihnen auch der Präsident der Universität schreiben wird, denn die finanzielle Unterstützung der gesamten Sektion bemißt sich an der Zahl der erfolgreichen Prüfungsabschlüsse. Sie müssen wissen, daß es deswegen die inoffizielle Regel gibt, niemanden mehr durchfallen zu lassen. Diese Regel ist praktisch eine Anordnung und wird als solche von allen Kolleginnen und Kollegen eingehalten, nur von Ihnen nicht! Ihretwegen wird eine Lehrstelle gestrichen werden. In der Hoffnung, Ihnen nicht noch einmal zu begegnen – W. F.

Leseranmerkung: »Manchmal ist es richtig, weil menschlich und nützlich, in solchen Situationen eine bessere Note zu geben.«

Eine andere Lesart

Zum ersten Mal in der Vereinsgeschichte der deutschen Germanisten e.V. wurde ein Teilnehmer aus dem Kongreß gewiesen. Er hatte die Derrida-Interpretation seiner Vorrednerin als falsch bezeichnet; die Diskussionsleiterin korrigierte ihn: Seine Vorrednerin habe eine andere Lesart als er, diese jedoch als falsch zu bezeichnen, sei eine grobe Beleidigung. Das Wort »falsch« komme schon in der Gadamerschen Hermeneutik nicht mehr vor. Da der Germanist X aus M. auf seinem Urteil beharrte und sich auch durch andere Didaktik-Kolleginnen und Kollegen nicht belehren lassen wollte, schloß man ihn bei einer Gegenstimme aus diesem und allen künftigen Germanistenkongressen aus.

Joseph Beuys' Badewanne

FAZ vom 17. 11. 2003: »Ein Erhängter ist in Budapest für ein Kunstwerk gehalten worden. Studenten der Universität der Künste, aber auch Bauarbeiter hatten die Überreste eines Mannes in einem Gartenhaus auf dem Hochschulgelände entdeckt, das nach langjähriger Schließung erstmals wieder für Renovierungsarbeiten betreten worden ist. Der Erhängte sei seit mindestens einem Jahr tot gewesen, den Studenten und Arbeitern sei allerdings erst nach längerem Betrachten des Leichnams klargeworden, daß es sich nicht um ein Kunstobjekt handelt.«

Trauer

»Wieder derselbe Ernst in den Gesichtern, die Tränen, die hilflosen Gesten, wie Bitten um die Rückkehr des Toten, jeder in seiner Verzweiflung wie aus Holz geschnitzt, nach außen erstarrt und doch in einer tiefen inneren Erregung, alte andächtige Frauen und Männer in Schwarz gekleidet, Jugendliche, die zum ersten Mal wahrhaft begreifen, was das ist, der Tod, wie sie erschüttert dastehen mit offenem Mund, alle schluchzen und weinen.«

»Warum sagen Sie ›wieder‹?«

»Wie jetzt bei Milošević war es auch bei Stalin, noch wahrhaftiger und tiefer gefühlt, noch ergreifender, sogar in anderen Ländern, erschütterte Arbeiter in Italien, ›Il baffone è morto, il baffone è morto‹ hallte es von Ort zu Ort. Mit versteinerter Miene hielt Ernst Bloch die Totenwache in Leipzig.«

MM *(Magna Moralia)*

AOK, AT, BMW, CNN, GMS, GPPh, HEA, HIS, HPP, KdU, KpV, MAN, MSW, NT, USW. Welche Tiefenstruktur der Seele und der Gesellschaft gibt diesen zusammengelöteten Buchstaben die Macht, in der Öffentlichkeit akzeptiert zu werden? Die Frage muß das Wahnsystem der Logos einschließen, denn sie finden ihre Basis offenbar in denselben verqueren Synapsen und derselben betonierten Verwaltungsmentalität wie die Buchstabengnome, unter denen sich so vertraute Werke wie das Alte Testament, das Neue Testament und die *Kritik der reinen Vernunft* befinden. »Prüfen Sie mich über das AT?« »Gerne, aber bereiten Sie sich auch auf Fragen aus dem NT und der KrV vor.« Gemeinsam ist beiden Verbiesterungen, daß sie sich einerseits von jeder bildlichen oder sprachlichen Anbindung abschirmen, sie stehen für sich und wollen sich keiner weiteren Bild- und Satzlogik fügen und unterordnen, etwa durch Genitivbildung und andere verbale Höflichkeiten. Aber sie wollen auch nicht verschwinden, sondern drängen sich mit psychologischer Drohhaltung in den Vordergrund, imperial wie Roms SPQR. Da man sie nicht verstehen kann, muß man sie immer schon kennen oder als Ignorant die menschliche Gesellschaft meiden. Der AOK, die AOK, Singular oder Plural, das AOK; der, die, das MSW? Die MSW natürlich, die Mannheimer Stadtwerke, Romerbe und Lokalfirma. SUN: nicht die allen von Natur vertraute Sonne, sondern das Stanford University Network.

Das Ur- und Proto-Logo ist das Hakenkreuz. Hammer und Sichel haben in sich eine rückführbare Bedeutung; das christliche Kreuz ist ein Abbild und Erinnerungsmal, das Hakenkreuz dagegen war das verkrampfte diabolische Gegenzeichen, es bildete nichts ab und erinnerte an nichts, sondern war der pure Befehl, sich ihm ohne weitere Erkenntnis auf Gedeih und Verderb zu unterwerfen. Ähnlich das »SS«, das den Hörer anbellt. Alle Logos zehren von der pathologischen Logik des Hakenkreuzes: Sie befehlen, gekannt zu sein und jede weitere Frage zu unterlassen. Zu den verlöteten Buchstaben und den Logos kommt eine dritte Form der bellenden Zeichen: Der in eine Buchstabensequenz eingelassene oder sie abschließende Bildbuchstabe aus anderen Zeichensystemen, vielleicht japanisch, vielleicht aus dem Hindukusch.

Paradox

Bei Homer und Hesiod geht alles natürlich zu; daß die Götter vom Olymp kurz zum Abendessen zu den Äthiopiern gehen, das ist so natürlich wie die Tatsache, daß die früheren Helden große Steine viel weiter warfen als die heutigen. Daß die Wahrheit nicht nur wunderbar, sondern paradox sein kann, entdecken erst die Philosophen, denn daß alles fließt, daß das Sein voll und rund ist, ergibt sich nicht durch eine geradlinige Verlängerung des Augenscheins, sondern durch dessen kalkulierte Hintergehung. Wissenschaft und Philosophie teilten sich diesen Fund des Paradoxen. Die Geometer behaupteten und bewiesen gegen alle reine oder sonstige Anschauung, daß die Tangente die Peripherie des noch so großen Kreises nur in einem Punkt ohne Ausdehnung schneidet, daß die Sonne wesentlich größer ist als der Mond und daß die Erde eine Kugel ist; die Philosophen entdeckten, daß es besser ist, Unrecht zu leiden als zu tun, und daß das Denken keine Sache des Gehirns sein kann. Die Menschen haben sich daran gewöhnt, daß das Ergebnis paradoxer Wissenschaft in der Form der Erdumkreisung und Mondlandung und als Handy und Laptop in den Alltag zurückkehrt, die Paradoxa der Philosophie werden dagegen bezweifelt und bezweifelt und bezweifelt.

Die Enzyklopädie der Verletzungen

In einem Mammutwerk sind jetzt die bedeutendsten seelischen Verletzungen der Geschichte der Menschheit zusammengestellt, außerdem die tausend verschiedenen Arten der Verletzung im Alltag, das Mobben, die Demütigung, die ungewollte Herabsetzung anderer durch exzessive eigene Schönheit, die subtile Demontage von Schülern durch die Lehrer und der Lehrer durch Schüler, die ausgeklügelte Zerstörung anderer durch eine Anspielung, die herablassende Geste, eine Handbewegung genügt, die eindeutige Vernichtung durch unpassendes Lob, die Nihilisierung durch einen einzigen Blick, das Auslöschen durch Nichtbeachtung, die tödliche Läsion durch unschuldige Nachahmung vor Dritten, die Erniedrigung durch ein fehlgeleitetes Lob, die in Bescheidenheit gehüllte Arroganz in ihren vielen Abstufungen und Schattierungen, grobe Mittel sind Hohn und Spott. Auf Hunderten von Seiten wird gezeigt, daß der Hang, andere zu verletzen, immer durch eigene erlittene Verletzungen erworben wird und so eine unaufhörliche Tradition von Verletzungen bis an den Anfang der Geschichte zurückverfolgt werden kann, als Adam und Eva das Paradiesgebot und damit Gott selbst in seinem Ehrgefühl verletzten und deswegen von ihm nach draußen auf den Acker geworfen wurden. Ausführlich wird entwickelt, wie empfindlich das Rechts- und Gerechtigkeitsgefühl von Kindern ist und wie traumatisch sie jede Verletzung erleben, in Slums und Palästen, im Orient und Okzident. Die Kolonialgeschichte muß neu geschrieben werden, weil erst jetzt sichtbar wird, mit welch diabolischen Mitteln die Weißen ihre schwarzen und roten und gelben Untertanen in ihrer Ehre und Würde verletzten.

Kann man sich selbst seelisch verletzen, etwa durch die eigene exorbitante Dummheit? Oder schwindet dann auch synchron die Empfindsamkeit? Die Enzyklopädie hat diese Möglichkeit der Selbstverletzung nicht in Erwägung gezogen, ausführlich jedoch die Phantomverletzungen behandelt; es handelt sich um Beleidigungen, die sich jemand durch die eigene Imagination zuzieht und die nicht weniger schmerzlich und zerstörend sind wie die gezielten Hiebe durch andere. International renommierte Exzellenz-Spezialisten haben ein bildgebendes Verfahren entwickelt, mit dem man die inneren Verletzungen der Menschen auf Farbtafeln sichtbar machen kann.

Zeugenbefragung

Eine Explosion in der Munitionsfabrik, der Absturz eines Bombers, der Erdrutsch in den Alpen, der Einsturz eines Wolkenkratzers. »Sie waren in der Nähe der Fabrik, was haben Sie gesehen?« »Plötzlich gab es einen unheimlichen Schlag, so als ob ein Bomber abstürzt!« – »Sie sahen den Absturz des Bombers?« »Ja, ein Schlag, aber vorher schon der Lichtblitz, als ob eine ganze Munitionsfabrik in die Luft geht!« »Wie war der Erdrutsch?« »Ein Knall und ein Toben, als ob ein ganzer Wolkenkratzer einstürzt!« »Sie waren beim Einsturz des Hochhauses in unmittelbarer Nähe.« »Sicher. Unheimlich, so als ob ein Teil der Alpen abstürzt!« Als Hamburg brannte, das war wie »der Ausbruch eines Vulkans«; wie »der Untergang von Pompeji«; wie »der Weltuntergang«.

»Sie waren beim Weltuntergang zugegen – wie war Ihr Eindruck?« »Mein Eindruck? Als ob die ganze Welt eine einzige Munitionsfabrik war.« – »Der Hurrikan wütete hier in Yucatan, wie war Ihr Eindruck?« »Als ob ein Riese durch das Land gestampft wäre.« – »Der Riese ist hier durch den Schwarzwald gestampft, wie war Ihr Eindruck?« »Als ob ein Hurrikan durch unsere Heimat fegt.« »Wie erlebten Sie die große Flutwelle? Was sahen Sie, als die zehn Meter hohe Wasserwand auf Sie zukam?« »Es war schrecklich, eine Sintflut, wie bei der Sintflut!«

Triumph der Wahrheit

In chinesischen Medien wurden die durch den Westen angeheizten Anklagen empört zurückgewiesen, Hunde könnten in den Megastädten nicht überleben, weil in ihrer Kopfhöhe nicht mehr genügend Sauerstoff vorhanden sei. In den eleganteren Straßen der Innenstädte seien schon seit einiger Zeit Hundeatmungszentren eingerichtet, in denen die Tiere frischen Sauerstoff einatmen könnten und so für zwei, drei Straßenzüge gut ausgerüstet seien. Journalisten überprüften die Angaben und gaben kleinlaut deren Wahrheit zu.

Kulturwissenschaftler

»Kurz eine Frage. Sie studieren ›Kulturwissenschaften Osteuropa‹. Und warum?«

»Ich finde das cool. Die Wirtschaftsbeziehungen werden sich auch verbessern.«

»Und welche Sprachen sprechen Sie?«

»Sprachen? Deutsch natürlich, etwas Englisch.«

»Und Russisch? Polnisch? Ungarisch?«

»Unser Prof sagt, das braucht man nicht. Er kann das auch nicht. Grammatikpauken und Vokabeln, das hilft sowieso nicht weiter, man muß sich einfühlen in ein Volk, alles Wichtige gibt es im deutschen Reader in Stichworten. Und dann natürlich das Marketing.«

»Viel Erfolg!«

Industrie- und Handelstag

Ringsum Erleichterung über den einstimmig gefaßten Beschluß des Industrie- und Handelstages: Die deutschen höheren Schulen, Fachschulen, Kliniken und Universitäten werden zu einem Gesamtkomplex »Praxis, Schule und Gesundheit« zusammengefaßt, und dieser wird in den nächsten drei Jahren als einheitlicher Verbund privatisiert. In den Reden wurde auf die erfolgreiche Privatisierung von Post und Polizei hingewiesen. Die Regierung behielt sich vor, im Aufsichtsrat durch Beobachter vertreten zu sein, war aber über den von ihr mitbewirkten Gesamtbeschluß zufrieden, weil nur durch die gezielte Praxisausrichtung aller Ausbildungsstätten ein größerer Schaden vom Standort Deutschland abgewendet werden könne. Wahrscheinlich wird der Komplex von einem Konsortium übernommen, in dem ein nicht genannter Medienkonzern mit 51%, die Telekom mit 29%, die Deutsche Bank mit 10% und auch die Gewerkschaft Verdi mit 10% vertreten sein werden. Wie erwartet, protestierte der Berufsverband der Lehrerinnen und Lehrer, Ärztinnen und Ärzte und der Professorinnen und Professoren mit einem längeren Schreiben, das jedoch nicht verlesen wurde.

Der Industrie- und Handelstag setzte unverzüglich eine Kommission ein, die nun auch die Privatisierung des gesamten Justizwesens vorbereiten soll. Für die zu gründende Aktiengesellschaft liegen bereits zahlreiche Optionen aus den USA vor, so daß sich wesentliche Korrekturen auch in der Prozeßordnung abzeichnen; es wird jedoch nicht zu einer Wiedereinführung der Todesstrafe kommen. Dazu wollten sich allerdings die Sprecher auf der Pressekonferenz noch nicht äußern, zumal namhafte Senatoren ihre Meinung noch nicht geäußert hatten.

Os malorum (Der Knochen der Bösen)

Das Os malorum, der Knochen der oder gar des Bösen (oder der Übel), wurde am Anfang des 19. Jahrhunderts im menschlichen Schädel entdeckt, von einer hämischen Kritik geleugnet und am Ende vergessen. Die Hirnforschung nähert sich erst langsam jenen seligen Zeiten, in denen die weltbewegenden Fragen noch von der Wissenschaft durch den Verweis auf einen einfachen Knochen gelöst werden konnten. Wie aufwendig ist die Forschung geworden, um zu so simplen Antworten zurückzukommen.

Tiere

Wir Menschen leben in zwei Welten, die paradoxerweise zugleich eine ist oder sind. Das Tageslicht, die Gerüche aus dem Bäckerladen, die Hauswand, an der wir entlanggehen und die wir nicht durchschreiten können – diese unsere Lebenswelt unterscheidet sich zunächst nicht von der des Hundes, der uns begleitet. Tiere nehmen sinnlich wahr wie wir, wir erschrecken wie sie bei einem lauten Geräusch, beim Gang am Fluß wissen wir, daß das Wasser nicht begehbar ist, es sei denn im Winter, in dem wir gemeinsam frieren und uns nur zögernd aufs Eis wagen. Dieselbe freudige Erregung, wenn uns das Kind des Hauses entgegen kommt.

Zugleich gibt es für uns eine andere, identische Welt, die die Tiere nicht kennen. Wir Menschen machen die Dinge zu Objekten der Erkenntnis; dieselbe Sonne, die sich im Tageslauf langsam von Osten nach Westen bewegt, steht, so erkennen wir, fest in der Mitte des Planetensystems. Wir spüren die Kälte, aber wir erkennen in ihr zugleich die Ursache der Vereisung; kein Tier weiß, was eine Ursache ist, kein Tier kann sich wundern. Wir suchen mühselig die Gemeinsamkeiten und Unterschiede von Tieren und Menschen zu erkennen, aber sie beteiligen sich nicht, und so führen wir sie als unmündige Wesen an der Leine, wohin wir wollen.

Von der Freiheit der Tiere, oder: Vom Schimpansen als Torwart

Die Fliege, der wir den Weg aus dem Glas zeigen und die sich schon vorher davongemacht hat, verfügt über eine größere Bewegungsfreiheit als zuvor, desgleichen jedes andere Tier, das aus einem Käfig entlassen wird. Aber weder die Fliegen noch die Bonobos können in einer Alternative das Pro und Contra erwägen und aufgrund dieser Erwägung zu einer begründeten Meinung gelangen. Der Hund mag perplex stehenbleiben im Zwiespalt zwischen Befehl und Begierde, aber er kann die Gründe für das Befolgen des einen oder des anderen nicht objektiv vorstellen, prüfen und danach seine Entscheidung nach bestem Wissen und Gewissen treffen. Man könnte in einem vom Abstieg bedrohten Fußballverein m. E. sehr wohl den Torwart durch einen Schimpansen ersetzen, aber keinen anderen Spieler. Der Torwart muß nur jeden heranfliegenden Ball sehen und losspringen, dies läßt sich vor der Saison rasch andressieren, die freie Reflexion ist unnötig. Anders die übrigen Spieler; sie kennen die Spielregeln auswendig, sie müssen die ausgeklügelten Finten und Superfinten der gegnerischen Spieler frühzeitig erkennen, die spontanen Überlegungen und Reaktionen ihrer Mitspieler einkalkulieren und dann den Schluß ziehen, das übersteigt das Vermögen der Tiere hoffnungslos. Der Heimatverein jedoch, der einen Schimpansen ins Tor stellt, wird in wenigen Monaten Weltmeister sein. Wir behalten uns eine Gewinnbeteiligung vor.

Unübersichtlich

Die menschliche Psyche ist offenbar so angelegt, daß sie die Unübersichtlichkeit jeder Gegenwart immer neu erlebt und gegen die stabilen Ordnungsbilder der Vergangenheit absetzt. Und der Geschichtsphilosoph weiß: Alle Ordnung von Ereignissen ist erst aus dem Rückspiegel möglich; die Zeitzeugen kennen den Fortgang des Stücks nicht, alles steht ratlos herum, bis der Geschichtler es hinterher erkennt, es sinnvoll ordnet und der Gegenwart mit einem Namen als Bühnenkulisse andient. So erklärt sich die Stimme aller Völker und Zeiten, wie unübersichtlich die Welt neuerdings geworden sei. Dem kognitiven Befund der Unübersichtlichkeit entspricht das moralische blanke Entsetzen: Korruption bei den höchsten Würdenträgern, Verbrechen in der Nachbarstraße, Mißbrauch von Kindern, Gewalt in den Häusern: Nie war es so fürchterlich wie jetzt. Aber vielleicht gibt es tatsächlich ein Crescendo, einen Fortschritt dessen, was sie das Böse nennen.

Vom Wesen der Wörter

Hermogenes: »Denn mich dünkt, welchen Namen jemand einem Ding beilegt, der ist auch der rechte, und wenn man wieder einen andern an die Stelle setzt und jenen nicht mehr gebraucht, so ist der letzte nicht minder richtig als der zuerst beigelegte, wie wir unseren Sklaven und Knechten andere Namen geben. Denn kein Name irgendeines Dinges gehört ihm von Natur, sondern durch Anordnung und Gewohnheit derer, welche die Wörter zur Gewohnheit machen und gebrauchen.« Kinderfrage: In den austauschbaren Wörtern steckt gewiß keine Wahrheit oder Falschheit, aber wie kommt sie dann in die Urteile, die aus nichts als Wörtern bestehen und wahr oder falsch sind?

Letztbegründung

Gibt es ein Denklabor in uns, das wir nie betreten? Findet das innere Gerede, das wir als Sprechen mit uns selbst ausgeben, in den nach außen gewandten Räumen statt, die schon öffentlich und voller irritierender Bilder sind? Wir müssen z.B. wissen, was mit dem Satz vom Widerspruch an sich gemeint ist, um ihn unterschiedlich und revidierbar in verschiedenen Sprachen formulieren zu können. Kein inneres Afrika, sondern besser: unser inneres Athen, das wir nicht betreten können, aber an dem alle Vernunft unsichtbar, unerkennbar hängt. Bilder gibt es dort nicht mehr.

Wahr. Wirksam

In einer höchst erfolgreichen Publikation wird demonstriert, daß der Wahrheitsbegriff eine mythische Fiktion der nachhomerischen Zeit ist und in der Postpostmoderne verabschiedet werde. Die Autorin beruft sich auf Friedrich Nietzsche und plädiert für die endgültige Verbannung des Wahrheitsmythos aus der Wissenschaft und die Ersetzung durch den empirischen Begriff der Wirksamkeit; die Wirksamkeit sei im elektronischen Zeitalter einfach verifizierbar, man benötige nur die Nutzerfrequenz der Homepage der Wissenschaftler und als Korrektiv das nationale und internationale Ranking in der jeweiligen Disziplin. Es sei auch längst faktisch so, daß niemand eine Publikation als wahr oder falsch beurteile, sondern als interessant, vielversprechend, eindrucksvoll, innovativ oder unpassend. Kritiker wies die Autorin zurück mit dem Hinweis, es werde sich schon herausstellen, wer in dieser Frage die besseren Karten habe. Sie vermied es auf der Pressekonferenz geschickt, die Wörter »wahr« und »falsch« zu benutzen.

Hirn, Geist, Hirn

»Wenn zwei Gehirne in zwei Personen absolut identisch sind, sind dann auch die Gedanken dieser Personen absolut identisch?«

»Sie bewegen sich schon wieder in einer Märchenwelt, aber nicht in unserem Kosmos. In dieser Welt gibt es schlichtweg keine zwei identischen Gehirne, und wenn es sie gäbe, könnten wir dies nicht erkennen. Also stellen Sie mir bitte Fragen, die etwas mit der Wirklichkeit und dem Stand der Forschung zu tun haben, aber nicht mit metaphysischen Unterstellungen operieren.«

»Sie haben meine Frage nicht beantwortet! Unterlassen Sie Ihre Abschweifungen und sagen Sie klipp und klar ja oder nein.«

»Sehen Sie dort den Kreisel? Er dreht sich, bleibt aber auf einer Stelle. Antworten Sie klipp und klar mit ja oder nein: Bewegt er sich oder nicht?«

»Sorry, dort kommt mein Taxi. Nice to meet you.«

»Noch eine Sekunde! Wenn Gehirn und Denken identisch sind, erübrigt sich die Frage. Wenn nicht, wenn das Hirn also ein Gegenstand im Raum ist und das Denken eine subjektive Tätigkeit, die man nicht im Raum beobachten kann, dann ergibt sich: Die Gedanken der beiden Personen können zufällig identisch sein, aber sie müssen es nicht, weil das Gehirn das Denken nicht durchgängig bestimmt. Das Gehirn liefert eine nach unserer Erkenntnis unentbehrliche Infrastruktur der Denktätigkeit, bestimmt jedoch nicht die Logik des Denkens, soweit dieses im Urteil besteht. Das Gehirn kann nicht zwischen Wahr und Falsch unterscheiden, hat nie etwas von einer Verneinung gehört (seit wann sollte es etwas in der Natur geben, was es nicht gibt?) und weiß nicht, was eine Referenz ist. So ist es möglich, daß die eine der beiden Personen die Frage mit Ja, die andere mit Nein beantwortet.

Und dann: Gedanken können das Gehirn beeinflussen, es beleben und veröden. Nun können unterschiedliche Ursachen identische Wirkungen haben; wenn also die Gehirne der beiden Personen in einem identischen Zustand sind, kann dies das Resultat unterschiedlicher Gedanken sein.«

»Vielen Dank! Gut, daß ich noch hierblieb.«

Schülerin: »Aber warum ändert sich alles?«

Gute Frage. Aber sie setzt voraus, daß es wahr ist, *daß* sich alles ändert. Lange Gesichter bei den Theologen, aber auch die Physiker springen auf die Barrikaden: Alles könne sich gar nicht ändern, und dann folgt bei den Vorsokratikern eine Lehre vom unveränderlichen Sein, daraus wird der Erhaltungssatz der Materie und später der Energie; den ausgeflippten Erkenntnissen der heutigen Kosmologen kann niemand mehr folgen. Aber trotzdem: Ein einheitliches unveränderliches Etwas vorausgesetzt, ändert sich alles, fast alles. Selbst Raum und Zeit sind Produkte der Entwicklung. *Warum* das so ist? Die Frage kann niemand beantworten; wir müssen in unserem Universum damit leben.

In der belebten Natur gibt es einen permanenten Wechsel, an dem jeder Grashalm teilnimmt; aber was ist das Stabile, damit der Wechsel überhaupt möglich ist? Die Grashalmmoleküle sind es nicht, denn die kommen und gehen, restlos, alle; was ist es also, das den sich dauernd ändernden Grashalm zum Grashalm macht? Oder unseren Körper zu demselben Körper, und uns selbst zu demselben Ich-selbst, das für seine früheren Taten jetzt und in Zukunft verantwortlich ist?

Unsere Kultur nimmt am Änderungszwang des Universums teil, ob es sich um die Urkultur am Euphrat handelt oder die Stadtverwaltung in Rinteln: Alles, fast alles ändert sich bei den Menschen, wobei das »Alles« und »sich« keine bestimmten Menschen sind, ohne die alles stillstehen würde, sondern ein namenloses Es und Sich. Die größten Änderer der Geschichte sind die Europäer, die nichts in Ruhe lassen können und die die ganze bewohnte und unbewohnte Welt in ihre Bewegungsneurose ziehen. Wie lange sich die Welt diese Änderungs- und Verbesserungspathologen leisten kann, wird sich erst zeigen, wenn sich für uns persönlich nichts mehr ändert.

Geist und Gehirn. Ein Dialog

Geist: »Mein Gehirn, hilf mir weiter: Wenn wir zwölf Kamele hätten und fünf würden gestohlen, wie viele Kamele hätten wir dann?«

Gehirn: »Dummkopf! Wir haben einen Hund und elf Katzen!«

Geist: »Wenn wir hätten! Wenn! Irrealis! Bitte: 12 *minus* 5! Verstehen deine Neuronen und Synapsen das nicht, den Irrealis und die Negation?«

Gehirn, schweigt trotzig.

Kalt schon

»Sie schwimmen auch im Winter, wenn ein Teil des Sees schon zugefroren ist? Ist es nicht kalt?«

»Kalt schon, aber mein Körper ist daran gewöhnt; er folgt mir wie ein Hund; wenn wir uns dem See nähern, weiß er, was ihn erwartet, und dann verhält er sich sehr vernünftig. Es ist eine Frage der Dressur. Viele kümmern sich um ihren Körper so wenig wie um einen Straßenköter, andere verwöhnen ihn wie einen Schoßhund.«

Aufruf an meine Gedanken

Ihr kommt und geht, seid lebendig gegenwärtig und verblaßt am Horizont der vergangenen Tage und Wochen, und das ist gut so, Bilder, Sätze, Wörter, Bilder. Wie sollte es zugehen, wenn alle einmal ausgedachten Gedanken bei mir präsent blieben und sich dauernd nach vorne drängten? Aber in letzter Zeit häufen sich die Fälle, daß ein eben gedachter, nicht nur flüchtiger, sondern genau bedachter, ausgedachter Gedanke weghuscht und fortbleibt! Den Namen dieses Bekannten wußte ich immer wie meinen eigenen – er kommt, wir begrüßen uns, und der Name stiehlt sich davon! Ich setze mich während des Gespräches auf die Lauer, jetzt müßte er kommen, er fühlt sich nahe, aber er springt weg, wenn ich zugreife! Meine Gedanken, haltet euch an die Losung: Vernünftig gedacht, vernünftig geblieben, immer griffbereit, ihr dürft euch nur davonmachen, wenn ich es erlaube. Ich will diesen Satz: »Was wollte ich doch noch sagen?« nicht mehr hören müssen. Aber das ist noch das geringere Übel. Seit eh und je kommt ihr angestürmt, wie es euch gefällt; ich denke über etwas nach, ich sitze an Plänen, und hereingetobt kommt eine Horde von Bildern und Satzfetzen, ohne jeden Zusammenhang, mit Gefühlstrompeten und Reizen, die ich mir verbitte. Diese Chaoten können nachts in den Träumen machen, was sie wollen, wenn sie überhaupt etwas wollen, aber bitte nicht am Tag! Die Zustände sind schlimm, ich sehe mich daher genötigt, mit meinem Appell an die Öffentlichkeit zu treten.

Gesund, stoisch

»Wie kommt es, daß Sie immer gesund sind?« »Mal so, mal so. Am Anfang gab es ein ungeklärtes freundschaftliches Du-und-Du, bis mich dann mein Körper mit irgendeiner affektierten Herbst- oder Frühlingsgrippe angriff. Ich begann, ihn mit Kälte und Distanz zu behandeln; eine Zeitlang ging es gut, aber hin und wieder attackierte er mich mit seinen widerlichen Gebrechen und Halbheiten. Ich lernte nun, ihm zuvorzukommen und ihn zu überlisten, so daß seine Kränkeleien unbeachtet ins Leere stießen. Besonders dadurch, daß ich nicht zum Arzt ging, fehlte den bösartigen Anfällen die Möglichkeit, die Aufmerksamkeit auf sich zu ziehen und mit Hilfe der Ärzte Zeit und Boden im Körper zu gewinnen und sich auf Dauer per Rezept in ihm einzunisten. Seit kurzem, so scheint es, hat mein Körper deswegen resigniert, und er hat offenbar auch keine Kraft mehr, ernsthaft und phantasievoll krank zu werden, vielleicht fehlt ihm die Energie zu einem neuen strategischen oder taktischen Angriff, vielleicht erinnert er sich an die ursprüngliche Freundschaft, besonders wenn ich ihm mit Bewegung in frischer Luft entgegenkomme. So sind wir fast zu der anfänglichen Kumpanei zurückgekehrt. Bei kleineren Meutereien überlasse ich ihn ganz sich selbst, soll er sehen, wie er die Dinge mit dem Knie heute und der Verdauung morgen wieder in Ordnung bringt. Nichts tun, nicht eingreifen, die Krankheiten ermüden und ins Leere laufen lassen! Sie erkennen, es gibt vielerlei Gesundheiten, die sicherste ist vielleicht doch die jetzige. Aber nur bis zu einem bestimmten Punkt, wie jeder Zukunftsforscher weiß, denn eines Tages wird er mich mit einem Schlag und ohne jede Rücksicht umwerfen, der alte Verräter; und wir waren so viele Jahre zusammen.«

Endlich gefaßt

»Sehen Sie hier, die Bande ist endlich gefaßt, aufhängen sollte man sie, am besten gleich. Was meinen Sie?«

»Dasselbe, ich meine dasselbe, aber mit einem Aber. Mein erstes Ich reagiert wie Sie, es schiebt die Greueltaten einem freien Willen zu und tobt und will die Strafe, Auge um Auge, Zahn um Zahn. Das zweite Ich denkt ganz anders. Es ist schlicht absurd, daß jemand aus eigener Überlegung ein Verbrechen begeht und sich selbst korrumpiert. Keine Verbrecherbande ohne Erpressung; wer nicht jeden weiteren Schritt mitmacht, gefährdet sich und seine Familie, der Mitarbeiter des korrupten Bürgermeisters wird erschossen, um dem Bürgermeister selbst zu demonstrieren, daß es für ihn und seine Familie kein Zurück gibt. Das ist leicht zu dokumentieren, schwieriger dagegen ist die innere Erpressung, die die klare eigene Einsicht in den Wahn verhindert; die Verbrecherbande reproduziert sich im Inneren und unterbindet die Erkenntnis, daß die geplante Gewalttat nicht dem eigenen Interesse entspricht. Wenn eine Regel völlig sicher ist, dann diese: Niemand kann freiwillig etwas Übles wollen. So weit mein zweites Ich, ein weiteres gibt es nicht.«

»Sie identifizieren sich mit diesem zweiten Ich?«

»Ich denke schon, aber ich hänge auch am ersten. Vielleicht ein wenig modifiziert.«

Buchstaben

Literatin: »Herr Buchstabenfabrikant! Können sie uns bitte helfen, unsere permanenten Streitigkeiten zu beenden! Die eine von uns findet einen Text gut und gelungen, der andere just das Gegenteil; einer sagt, alles sei wahr, die andere: fast alles, das Entscheidende sei aber gerade falsch. Die eine: völliger Unsinn, der andere spricht von postmetaphysischer Sinnstiftung. Was tun?«

Buchstabenfabrikant: »Die Lösung ist ganz einfach: Keiner hat recht! Aber zunächst: Ich stelle nicht nur die Buchstaben zur Verfügung, sondern auch die Leerschritte. Leerschritte sind nicht nichts, sondern wirkliche Schritte, allerdings Leerschritte, sodann drittens die Satzzeichen. Und das ist alles, mehr gibt es nicht. Vergessen Sie Ihre Streitigkeiten und halten Sie sich an das, was der Fall ist. Da gibt es kein Wahr oder Falsch und kein Gut und Böse oder Schön und Häßlich, sondern pure Buchstaben, Leerzeichen und Satzzeichen, drehen und wenden Sie die Seiten, wie Sie wollen, Schwarz auf Weiß, Ihr müßt nur hinsehen, Ihr Letteraten!«

Willensfreiheit, Handlungsfreiheit

Es gibt Menschen, die aufgrund ihres Charakters und ihrer Überzeugung auf keinen Fall gegen bestimmte sittliche Werte verstoßen – sind sie frei, es trotzdem zu tun, etwa eine andere Person zu hintergehen, um einen Vorteil zu erringen? Niemand ist frei, das zu wollen und zu tun, was für ihn ausgeschlossen ist und nicht in Frage kommt, ergo wollen und handeln besagte Personen unfrei?

Gehirn im Tank

»Beim Abendtrunk wurde der Gedanke ausgeheckt, ein Menschenhirn isoliert in einen Tank zu tun und dort mit geeigneten Flüssigkeiten und elektronischen Vernetzungen zu versehen; diese sollten durch neuronale Weitergabe die Einbildung einer realen Außenwelt in Gang setzen und so das Gehirn in seinem Tank in die Überzeugung hinein elektrisieren, daß es als ganzer Mensch z.B. gerade zum Shoppen gehe. Die Überlegung wurde überraschend in die Praxis umgesetzt, seltsamerweise gab es jedoch nach einiger Zeit einen alles zerstörenden Kurzschluß: Das Gehirn begegnete zufällig seinen Umweltstiftern in ihrem Labor, durchschaute die Täuschung, zuckte im Raptus der Selbsterkenntnis zusammen und war tot. Erst jetzt gelang es, die realen Illusionserzeuger aus der Illusionsrealität herauszunehmen, so daß das Gehirn im Tank seinen alltäglichen Geschäften nachgeht, aber die Tür zum Labor nie finden kann. Aber es gibt es: Stanford University, Pacific Avenue, 4; California 176L98, USA, gut ausgeschildert, das Labor im Vorraum des Gebäudes, das Gehirn im Tank in einem Nebenraum rechts hinten.«

Gelächter bei den Wissenschaftlern: »Links hinten erkennt sich nicht!«

Die Kunst des Mobbens

Was bisher als Wildwuchs in den Büros und Gremien und Vereinen sein Unwesen trieb, ist endlich zu einer subtilen Kunst entwickelt und in einem Buch publiziert worden. Wie geht man vor, wenn jemand nach allen Regeln der Kunst gemobbt werden soll? Der Autor lehrt es nach jahrelanger Übung und Beobachtung. Kleine, aber erfolgreiche Verletzungen können verbal sein oder in Körperbewegungen ausgedrückt werden, in Handlungen und in Unterlassungen, in gezieltem Vorbeiblick und zufälliger Berührung. Die Gruppe muß psychisch vorbereitet werden und allmählich die Verletzungen vervielfachen. Das Tranchieren des Opfers darf keine sichtbaren Spuren hinterlassen, es darf nicht zum Streit kommen, kein Satz darf zitierbar sein, alles ist, wie man es auch hin- und herwendet, normal. Das Gift wird in kleinen Dosen ins Ohr geträufelt, jeden Tag ein wenig mehr. »Sie haben mich fertiggemacht«, aber keine Spur darf zeigen, wer es war und was es war. Um an einem Fürstenhof der Renaissance zu überleben, mußte man die Kunst der Täuschung beherrschen, und die »Arte della dissimulazione« diente schon als Morgenlektüre. Das Mobben ist jedoch kein täuschendes Maskenspiel, sondern eine heimtückische Vernichtung. Das Giftbuch, in dem die Kunst des Mobbens gelehrt wird, findet besten Absatz, Firmen lancieren es in die Büros ihrer Konkurrenten, als harmloses Geschenk getarnt. Eine Exzellenzuniversität plant, einen Studiengang zum Mobben einzurichten; bei einer bestimmten Studentenzahl ist der Staat verpflichtet, ein Institutsgebäude zur Verfügung zu stellen.

Aufrechter Gang

Für Angela Krauß

Als Prometheus den Menschen schuf, gab er ihm als Ersatz für Fell und Klauen den aufrechten Gang. So konnte er in der Ferne Gefahr oder Beute ausmachen und sie mit ausgestreckter Hand den anderen zeigen; die Horde konnte über das Notwendige beraten und hatte dadurch die entscheidenden Vorteile in Darwins Auswahlverfahren. Als die Menschen später Städte bauten und den Horizont verstellten und sie nichts mehr in der Ferne sehen mußten, verkam ihr aufrechtes Gehen und Schreiten zu einem niedergebeugten Schlurfen zwischen den Geschäften und einem übergewichtigen Vorsichhinschwanken nach der Art der Kühe. Was tun für den Homo erectus? Prometheus ersann zur Abhilfe die Plätze in der Mitte der Städte; auf ihnen sollten die Menschen nicht mehr etwas Fernes entdecken, sondern von anderen gesehen werden und dadurch ihre aufrechte Haltung zurückgewinnen. Die Plätze in Florenz und Selinunt und Sevilla wurden als Orte ersonnen, an denen die Bürger im Blick der Bürger wieder gehen lernten und sich zeigten mit erhobenem Haupt, gerader Wirbelsäule, harmonischer Bewegung der Arme und Standbein und Spielbein. So weit der urbanistische Einfluß des Titanen reichte, legten die Menschen diese Plätze an, auf denen sie ihrer ursprünglichen Bestimmung im Blick der anderen nachgehen konnten. Aber die Plätze verkamen zu Durchgangsstraßen und Verkehrsadern, das Schreiten wich wieder dem schlurfenden Gang und dem Hasten, die Menschen schoben ihren ungeübten Körper schaukelnd voran, macdonaldbelastet, watschelnd oder vorwärtsstürzend. Die einzigen Plätze, die Epimetheus gegen den hastenden Verkehr auf den Straßen ersann, waren Parkplätze; lächerlich, rief Prometheus, einfach lächerlich.

Materialismus; Mystizismus

»Sehen Sie dieses eindrucksvolle Bild, nachtblau und zart, voller dynamischer Farben, rot, blau, violett, ein heller Strahl zerreißt den Raum und die Zeit, verletzlich und sensibel, das ist die wahre Wirklichkeit hinter der Wirklichkeit, verstehen Sie, völlig spontan und ohne das Gedankenkorsett der gegenständlichen Maler, die sich pedantisch überlegten, wie sie vorgehen wollten, und dabei alle Dynamik und Spontaneität und das eigene Künstler-Ich verleugnen und verlieren. Vermutlich sind Sie schon zu verbildet, um die unmittelbare Tiefe zu erleben; mittelalterliche Menschen wüßten sofort: ›Der Geist muß hinausschreiten über die Dinge, über die Gestaltung und das Wesen in seiner Wesensartigkeit: Dann wird ihm die volle Wirklichkeit aufgehen. So Meister Eckart. Oder auch Plotin. Diese dynamische Farbe hier, eine Andacht des Undenkbaren.‹«

»Aber die Mystiker dachten an einen langen Erkenntnis- und Meditationsweg, an ein sorgfältiges Studium schwieriger

Texte, die Mystiker waren höchst gelehrt und präzise; deshalb gibt es so wenige und deswegen bezieht sich keiner von ihnen je auf die Farben eines Sonnenunterganges oder gar eines Malers!«

»Heute ist das anders. Die mystischen Erfahrungen angesichts dynamisch-intensiver Farben sind dem unverbildeten Menschen unmittelbar zugänglich. Verharren Sie nur kurz vor dem Bild mit seinem lodernden Rot, dann wissen Sie, wovon ich rede! Diese alles transzendierende Tiefe, dieser Einklang der Farbe und der Seele – versuchen Sie, es aus dem tiefsten Inneren zu erleben. Nicht denken! Denken Sie an Laotse!«

Vom Wandel im Wesen der Wahrheit

Mit großer Dankbarkeit nahmen besonders protestantische Theologen die Fortschritte der Neurotheologie zur Kenntnis, die jetzt eindeutig ein neuronales Glaubenszentrum in bestimmten Gehirnzellen und ihren Synapsen verifizieren konnte. Daß man dieses Religionsfundament im Gehirn nachweisen könne, gehöre zu den größten Bestätigungen der Einheit von Glauben und Erkenntnis, sagte einer der Synodalen vor der Presse in Berlin. Wenige Tage danach wurde jedoch aus einem iranischen, dennoch international anerkannten Labor gemeldet, daß die bisherigen Forschungsergebnisse einerseits bestätigt, aber auch präzisiert werden könnten, da sich nun eindeutig nachweisen lasse, daß nur der strikte Monotheismus eine neuronale Grundlage habe und alle Trinitätslehren haltlos seien. Während die protestantischen Kirchen sich an derartigen Differenzen uninteressiert zeigten, brach der Vatikan den Dialog mit den iranischen Instituten ab. Es folgte eine Dankschrift an den Vatikan aus Washington: Die iranischen Ergebnisse widersprächen eindeutig der Wissenschaft.

Alles, was recht ist

»Herr Papst Benedikt, entschuldigen Sie bitte die impertinente Frage: Wenn die Glaubenssätze der Kirche und die vernunftrechtlichen Bestimmungen unserer Verfassungen in einen Konflikt geraten, woran sollen sich die Gläubigen halten?«

»Liebes Kind, Sie gehen von der falschen Annahme aus, daß das Recht und unser Glaube je in einen Konflikt geraten könnten. Absurdum est, pleniter absurdum!«

»Vielen Dank für Ihre klärende Antwort!«

»Herr Muslim, entschuldigen Sie bitte die impertinente Frage: Wenn die Glaubenssätze des Korans und die vernunftrechtlichen Bestimmungen unserer Verfassungen in einen Konflikt geraten, woran sollen sich die Gläubigen halten?«

»Liebes Kind, Sie gehen von der falschen Annahme aus, daß das Recht und unser Glaube je in einen Konflikt geraten könnten. Ojala, das ist absurd!«

»Vielen Dank für Ihre klärende Antwort!«

»Herr Ober-Rabbiner, entschuldigen Sie bitte die impertinente Frage: Wenn die Glaubenssätze der Juden und die vernunftrechtlichen Bestimmungen unserer Verfassungen in einen Konflikt geraten, woran sollen sich die Gläubigen halten?«

»Liebes Kind, Sie gehen von der falschen Annahme aus, daß das Recht und unser Glaube je in einen Konflikt geraten könnten. Schalom, absurd!«

»Vielen Dank für Ihre klärende Antwort!«

»Herr Theologe, entschuldigen Sie bitte die Störung. Gibt es irgendwelche gravierenden Unterschiede zwischen den drei Offenbarungsreligionen?«

»Die Unterschiede sind gewaltig, um nicht zu sagen galaktisch, und jede ist in ihrem Anspruch unversöhnlich. Nur in den Phasen einer hochentwickelten Aufklärung der Bevölkerung und religiösen Indifferenz gibt es die Chance des friedlichen Zusammenlebens und der Beachtung des Primats des Rechts. Aber das werden sie bestreiten.«

Der Weltbürger

»Herr Taxifahrer, hier sind die 14 Euro für die Fahrt; auf die Quittung schreiben Sie bitte 28 Euro.«

»Sicher.«

»Wenn man sich die weltweite Korruption ansieht, ist die Differenz doch gleich Null.«

»Ja, sicher.«

Tote Seelen

Hirnforschern gelang, wonach die Menschheit seit Urzeiten forscht: Sie konnten den dritten Tod neben Herz- und Hirntod diagnostizieren, den Seelentod. Zuvor mußten Seelenpathologien in den Hirnzellen genau bestimmt werden; man fand die Zellen und ihre Synapsen zwischen Sprach- und Rechenzentrum; im bildgebenden Verfahren konnte der Geiz als eines der Hauptübel unter den Krankheiten als dunkle Zone vorgeführt werden; überrascht waren die Forscher, mit welcher Schläue der Geiz seine Winkelzüge zu verdecken sucht. Ehrsucht, Habsucht, Herrschsucht konnten erst nach Jahren einwandfrei aufgedeckt werden, und ganz überraschend wurde bei noch lebendem Hirn und schlagendem Herz der Seelentod erkennbar: Die von wuchernden krebsartigen Geschwüren zerfressenen Zellen bedeuteten eindeutig, daß die Seele bei lebendigem Hirn und intaktem Herz zerstört war. Die seelentoten Körper konnten sich häufig noch Jahrzehnte in allen Bereichen der Gesellschaft frei bewegen, ohne daß sie öffentlich als Lemuren erkannt wurden. Die Regierungen versuchen, das Publikwerden der Entdeckung zu verhindern; vergeblich, wie man hier lesen kann.

Obligatorisch

Die Kultusministerkonferenz beschloß nach langem Zögern die Einführung eines neuen Faches an allen Schulen: »Manipulationen der Gesellschaft«. Den Schülern soll gezeigt werden, mit welchen Mitteln die kommerzielle Gesellschaft sie in Fallen lockt, ihre Gesundheit zerstört, sie gezielt in Abhängigkeiten hineinverführt, ihnen Lebensläufe suggeriert, die in Katastrophen enden müssen, ihnen ein Selbstbewußtsein vermittelt, das im Klartext identisch ist mit Selbstvernichtung usw. Die Schüler sind immer wieder erstaunt über die raffinierten Täuschungen, mit denen seriöse Tageszeitungen, staatliche Fernsehsender und überhaupt alle Medien ihre Zerstörung betreiben oder in Kauf nehmen. Nur ein geringer Teil ist intellektuell überfordert, die so vorgeführten Angriffe auf ihre leibliche und geistige Existenz zu durchschauen.

Wie man hört, versuchen Gewerkschaften und Industrie- und Handelstag mit allen Mitteln, das neue Fach wieder abzuschaffen. Man ziehe sogar Griechisch vor, hieß es in informierten Kreisen. Nach offiziellen Berechnungen würde die Einführung des Faches »Täuschung in den Medien« den Verlust von 417 489 Arbeitsplätzen zur Folge haben; ein Institut für Wissenschaftliche Sozialforschung ermittelte sogar abweichend einen Ausfall von 418 479 Arbeitsplätzen.

Vom Egalsein

»Wenn du das nicht kannst, wird es dir später schlecht ergehen und du wirst es bereuen!«

»Das ist mir doch egal.«

Wie man zum Können kommt

Ganz einfach: Durch die *Natur*, durch *Lehre* und durch *Übung*. Das ist es, und so steht es schon in den Dialogen Platons. Was die *Natur* nicht hergibt, läßt sich weder dem Tier noch dem Menschen beibringen; z. B. die konstante Beobachtung, Katzen können nicht bellen und Pferde oder überhaupt alle Tiere meiden Vorlesungen und Museen. Der geniale Pascal brachte sich dagegen aufgrund seiner Naturanlage die Mathematik selbst bei. Bei der *Lehre* sollte man unterscheiden die Lehre durch Vor-Bilder und die abstrakt-begriffliche Lehre. Und drittens die *Übung*, das eigene Machen. Das wär's, ein Viertes gibt es nicht, es sei denn die Einheit der drei Wege.

Kobolde und Wunder

Neben den erfahrungstreuen Gesetzen der Mechanik, die freundlicherweise das Weiterfahren auf dem Fahrrad ermöglichen, gibt es ganz andere hingehuschte Erfahrungen: Man nähert sich von hinten lautlos aus der Ferne zwei Fußgängern, und sie weichen allmählich zur rechten Seite – wie können sie wissen, daß sich jemand nähert? Man sieht an der Fassade jetzt und sonst nie nach oben, und ein bekanntes Gesicht blickt herab. Ich sehe um diese Zeit sonst nie in den Kalender – jetzt schaue ich hinein, in zehn Minuten beginnt die Konferenz. Die Standuhr blieb stehen, als der Sohn an der Ostfront fiel. Der Physiker Pauli fährt mit dem Zug durch Göttingen, und im Physiklabor zerspringen zeitgleich die Glühbirnen. Zufall ausgeschlossen, Gesetze auch.

Die Zeugnisse sind zu dicht und gut bezeugt: Als Gott das All nach den Gesetzen von Newton und Einstein und ihren Nachfolgern schuf, beteiligten sich, versteckt im Schöpfungszelt, auch Kobolde und Nymphen heimlich an der Formung der Welt, und sie flochten in den gesetzlichen Alltag des Herrn kuriose Sonntagsspäße ein, die beim »Fiat« nicht ausgelöscht wurden.

Selbstverschuldet, fremdverschuldet

Wie man Selbstverschuldung im Halse herumdrehen und profitabel in Fremdverschulden umbuchstabieren kann. Wenn ich meine Gesundheit durch Rauchen ruiniere, so läßt sich jetzt gerichtlich demonstrieren, daß mein debiles Handeln seine Ursache nicht in mir selbst, sondern im Objekt meiner Sucht hat. *Meiner* Sucht? Fremdverschuldet: Die infantile Sucht ist Produkt des Produzenten, gehört mir also gar nicht. Meine Lunge sei, so will es die Natur, mein, aber nicht meine Sucht; mein Begehren ist ein Wechselbalg der Industrie, ihr Wille geschieht im Schatten meines nur scheinbaren Willens. Meine Begierde war das Machwerk anderer Menschen. Wer aber erhält dann das Geld des gewonnenen Prozesses? Ist der Kläger überhaupt eine verantwortliche Person, die den Empfang der Summe selbst bestätigen und das Geld selbst ausgeben kann? Die Tabakfirmen sollten dies bestreiten und auf den sofortigen Rückfluß der Entschädigungssummen pochen.

Oder aber: Die Industrie erzeugt Abhängigkeiten, die in der Werbung nicht erscheinen. Dies wäre der Casus für den Staatsanwalt, auf tückische Vergiftung zu klagen. Die Zerstörung der Produktionsanlagen in den Industrieländern könnte in diesem Fall nach gehöriger Vorwarnung ähnlich wie bei den Mohnfeldern in Kolumbien aus der Luft geschehen, in einer Nacht wären die Probleme weltweit erledigt.

Managergehälter

Die Manager, die ihre monströsen Gehälter und Abfindungen verteidigen und auf die 90-Stunden-Woche und den großen Bereich der Verantwortung hinweisen, demonstrieren hiermit eindrucksvoll, daß etwas mit ihnen nicht stimmt. Der Angriff kommt aus einer moralischen Überlegung: Die Spitzengehälter seien ungerecht, weil sie überdimensional hoch sind. Die Manager lassen sich dazu verführen, gerechtigkeitsmoralisch zu antworten, und können sich dabei nur blamieren. Jeder Kanzler jedes Staats hat vermutlich ein ähnliches Stundenpensum, der Verantwortlichkeitsbereich ist dem der Firmen jedoch weit überlegen, so daß sie in einem Amtsjahr Milliardäre werden müßten. Ein durch die Verwaltung von morgens bis abends gedemütigter, trotzdem noch nächtlich an seiner Wissenschaft interessierter Hochschullehrer arbeitet bis zu 90 Stunden am Tag. Die Managermillionen lassen sich nicht moralisch rechtfertigen, sondern sind das Ergebnis einer Fehlentwicklung im Wirtschaftssystem, so wie das bizarre Hirschgeweih eine Fehlentwicklung in der Natur ist. In einem bestimmten Rhythmus wird Moralkritik geübt, sie verebbt und wird dann in Dürrezeiten öffentlicher Empörung erneuert.

Brief des Vaters an Figulus, den Sohn in Antiochien, 420 post Christum natum

(Bibliotheca Vaticana Ms. 33587/ed. pagan. H 1)

Mein Sohn,
seit ich allein in unserer Villa in Umbrien lebe, ist jede Nachricht von Dir noch willkommener als früher! Du bist jetzt Kommandeur der Legion in Antiochien, und ich hoffe, daß Du Dich gut in der Landessprache und den fremden Sitten auskennst und für das Wohl aller sorgst, die Deinen Befehlen unterstehen, seien es nun Römer, seien es Barbaren. Die Philanthropie ist am Ende doch das höchste Gut, nach der Gerechtigkeit natürlich, denn der Mensch muß zuerst der Vernunft und danach den mitmenschlichen Gefühlen folgen, wie Seneca sagt. Hier hat sich seit Deinem letzten Besuch äußerlich wenig geändert, und doch: Wir Römer spüren und wissen, daß das Imperium bei seiner geographisch größten Ausbreitung innerlich auf sein Ende zugeht; denn wie sollen wir wohl die Herrschaft aufrechterhalten, wenn wir nur noch

wenige sind neben den unzähligen Germanen, Afrikanern, Parthern, Illyrern – aus allen Weltteilen sind sie hier. Über die Korruptheit unserer eigenen Bevölkerung brauche ich Dir nichts zu schreiben, es ist, als ob sie in ihr den einzigen Lebenssinn (»sensum vitae«) finden können, und ich fliehe in die Erzählungen unserer Vergangenheit, indem ich Livius und selbst Tacitus lese. Meine größte Befürchtung ist, daß die Religion wieder zunimmt, die unsere Väter so mutig und glücklich zähmen konnten; wieviel Unglück hat sie schon angerichtet (»quantum potuit suadere malorum«), aber die Menschheit ist offenbar unbelehrbar. Vale.

Glaube, Liebe, Hoffnung, diese drei – achte zuerst auf das Vierte

»Ohne den rechten Glauben gibt es kein wirkliches Zusammenleben, Mohammed, der Koran, wer an sie nicht glaubt, ist verloren und verflucht! Aus diesem Glauben steinigen wir die Sünderinnen.« »Wir glauben an den Führer.« »Notfalls müßt ihr sie zum Glauben zwingen.« »Credo quia absurdum.«

»Ich liebte sie auf den ersten Blick, wahnsinnig, ich *mußte* die Familie verlassen.« »Stalin wurde vom Volk geliebt!« »Er liebte schnelle Autos. Schade.«

»Wir verlieren die Hoffnung nicht, daß es kein zweites Vietnam wird.« »Ich hoffe jedes Mal auf den großen Gewinn, sonst würde ich nicht spielen.«

»Und was ist das Vierte, das uns aus den drei Verkehrungen heraushilft?« »Aufklärung, sodann Besonnenheit, Mut, Klugheit, vor allem Gerechtigkeit, ohne sie ist alles vertan.«

Prometheus, Epimetheus

Der Vorherdenker und der Nachherdenker, zwei Brüder der griechischen Frühzeit, Prometheus der ältere, klügere, der Mitleid mit den Menschen hatte und ihnen zu Hilfe eilte, Epimetheus, eher ein Zurückgebliebener unter den Halbgöttern, der meist zu denken begann, wenn es zu spät war, auch er eigentlich menschenfreundlich, aber unklug. Mythenforscher sind jetzt zu einer bestürzenden Erkenntnis gelangt: Prometheus begleitete das menschliche Schaffen und Erfinden bis in die Goethezeit, und es sei kein Zufall gewesen, daß Goethe dem Halbgott irgendwie ähnlich sah und ihm auch in seiner Dichtung huldigte. In dieser Zeit, jedenfalls um 1830, verließ jedoch Prometheus, alt und ermüdet, die Erde und ließ, so die Forscher, seinen Bruder, den Späterkenner, die Menschheit bis zu ihrem nicht mehr fernen Ende begleiten. Epimetheus, froh, nun endlich aus dem Schatten des mächtigen und vielgefeierten Bruders zu treten, entfaltete eine hektische technische Tätigkeit – ohne das geduldige Vorherbedenken der Technikfolgelasten, das sein älterer Bruder meisterhaft beherrscht hatte. Epimetheus war eitel, nicht human, sondern plakativ sozialistisch, konnte die Folgen für die Zukunft nicht exakt berechnen und prahlte mit den Atombomben von Hiroshima und Nagasaki (als ob eine nicht schon zu viel war) und wurde durch Schaden nicht klug.

Epimetheus sah um 2000 n. Chr., daß er hoffnungslos überfordert war; er rief seinen Bruder Prometheus an, ob er nicht wenigstens für eine Weile zurückkommen könnte, aber Prometheus antwortete nicht mehr. So bleibt nur die Herrschaft seines unfähigen, bald prahlenden, bald erschreckten, bald vorwärts rennenden, bald töricht lächelnden, bald an Gottes Schulter weinenden, in sich zusammengesunkenen Bruders übrig. Niemand stürzt ihn, niemand hilft ihm. Historiker meinten in dem planlosen, rechtswidrigen letzten Großkrieg deutlich die epimetheische Kopflosigkeit zu erkennen; erst ein rasches Zerbomben der Herrschaftszentralen und dann die typische Ratlosigkeit angesichts der chaotischen Folgen.

Die Epimetheer beginnen erst langsam zu merken, was sie angerichtet haben, und jeder Prometheer hat es vorher gewußt. Wie klug und bedacht war Alexander der Große! Er war in den Zeiten der Vorsicht ohne heimtückische Bomben in denselben Raum gedrungen (er selbst kämpfend) und hatte stabile Diadochenreiche für Jahrhunderte gegründet, bevor er mit 33 Jahren starb.

Hirn und Geist

»Durch das Rasterelektronenmiskroskop gesehen, werden aus Ameisen Kunstobjekte. Welche Rolle die Macht der Bilder für die Wissenschaft spielt, zeigen dieses und weitere Beispiele in diesem Heft. In bunten, spektakulären Bildern können Neurologen dem Gehirn beim Denken zusehen und neue Therapien entwickeln.« Warum sehen sie dem Gehirn nur zu und schreiben die Gedanken des Denkens nicht mit? Warum entwickeln sie auf diesem Weg durch Hirnerregungen keine neuen Gedanken und holen sich Nobelpreise in allen Sparten? Immer noch Fragen über Fragen.

Guter Ausgang

Für Hans-Joachim Waschkies

Carazans Traum: »Ich ließ bald unzählige Welten hinter mir. Als ich mich dem äußersten Ende der Natur näherte, merkte ich, daß die Schatten des grenzenlosen Leeren sich in die Tiefe vor mir herabsenkten. Ein fürchterliches Reich von ewiger Stille, Einsamkeit und Finsternis! Unaussprechliches Grausen überfiel mich bei diesem Anblick. Ich verlor die letzten Sterne aus dem Gesichte, und endlich erlosch der letzte glimmernde Schein des Lichts in der äußersten Finsternis. Die Todesängste der Verzweiflung nahmen mit jedem Augenblick zu, so wie jeder Augenblick meine Entfernung von der letzten bewohnten Welt vermehrte. Ich bedachte mit unleidlicher Herzensangst, daß, wenn zehntausendmal tausend Jahre mich jenseits der Grenzen alles Erschaffenen würden weitergebracht haben, ich doch noch immerhin in den unermeßlichen Abgrund der Finsternis vorwärts schauen würde ohne Hülfe oder Hoffnung einiger Rückkehr. In dieser Betäubung streckte ich meine Hände mit solcher Heftigkeit nach Gegenständen der Wirklichkeit aus, daß ich darüber erwachte.«

Der letzte Mensch verschwindet irgendwann aus dem Universum, vielleicht im Strahlenglanz einer Kobaltbombe. Was macht dann das Universum ohne uns? Wer nennt sein Gestern, Heute, Morgen? Wo bleibt das Mögliche, die Perspektive, die Aussicht? Wie geht es weiter mit dem Sein und dem Nichts außer ihm? Die Medien berichteten übereinstimmend, daß das Universum wie betäubt dalag und nicht ein noch aus wußte; wozu es da war und ob es überhaupt noch da war. Bis sich endlich offenbarte, daß der Tod aller Menschen doch nur ein Alptraum war, aus dem es mit dem ersten Sonnenstrahl glücklich erwachte.

Tiere vor dem Spiegel

Schimpansen und Elefanten erkennen sich im Spiegel: »Iste ego sum«, der da bin ich selbst! Warum treten sie nicht vor den Spiegel, wenn sie am Kopf verwundet sind und die Wunde ohne Spiegel nicht sehen können? Warum sehen sie nicht in den Spiegel, bevor sie auf Brautschau gehen? Warum halten sie ihrem Rivalen keinen Spiegel vor, damit er sieht, wie häßlich er ist? Gesichert ist am Ende nur die Spiegelselbsterkenntnis indischer Tiger: Die Bevölkerung hält dem angriffslustigen Tier einen Konvexspiegel entgegen, in dem er sich in erbärmlicher Kleinheit selbst erkennt, den Mut verliert und sich umwendet; dann wird er am Schwanz gepackt und in den Zoo geführt, meistens aber getötet.

Gutachten

Lieber Professor B.,
vielen Dank für Ihre Zusage, mir ein Gutachten für die Universität Stanford zu schreiben! Da ich Ihre alteuropäischen Gewohnheiten und Vorlieben kenne, erlaube ich mir, Sie noch auf eine amerikanische Sitte hinzuweisen. Wenn Sie ehrlich über mich urteilen, können Sie sich Mühe und Papier sparen, das käme einem negativen Gutachten gleich und würde mir entsprechend schaden. Entschuldigen Sie bitte, daß ich es Ihnen so offen schreibe: Sie müssen mich als den besten Studenten Ihrer gesamten Hochschulkarriere darstellen, Sie müssen meine säkularen Einwände in Ihren Seminarsitzungen (bitte erklären!) loben, Sie müssen schreiben, daß das Thema Ihrer Vorlesung erst durch meine Einwürfe überhaupt klar und deutlich (bitte nicht *clare et distincte*) wurde, Sie müssen schreiben, daß die Professoren aus den Nachbaruniversitäten in Ihre Veranstaltungen kamen, um meine Anmerkungen am Ende der Stunde zu hören, und wie ich alle Anwesenden durch Witz (bitte *spirit*, nicht *wit*) und Kenntnis (einfach *tremendous knowledge*) beeindruckte. Solche Angaben lassen sich praktisch nicht nachprüfen und helfen natürlich bei der Bewerbung.

Übrigens: in Kürze wird jedes Gutachten in Deutschland genau so sein müssen, und im Internet wird die aktuelle Version der jeweiligen Gutachten kostenlos abzurufen sein, sortiert nach Provinz- und Exzellenzuniversitäten. Aber da Sie mir schrieben, daß Sie mir helfen wollen, wäre ich für ein Gutachten in diesem Sinn dankbar.

Mit freundlichen Grüßen
U. K.

Lieber U. K.,
natürlich schreibe ich Ihnen das gewünschte Gutachten, hier ist glaube ich ein blinder Fleck im kategorischen Imperativ; ich werde also munter vor mich hinphantasieren. Kennen Sie die Erinnerungen von Victor Klemperer? Er schreibt über

die Funktion des Superlativs im totalitären Regime und meint, Republiken würden den permanenten Superlativ meiden. Irrtum; ohne die dauernde Intervention des Superlativs würden die Märkte zusammenbrechen und die Kultur der Gutachten. Warum schreiben Sie darüber keine Dissertation? Ihr R. B.

Fraktur und Transport

Sehr geehrter Herr S.,
vielen Dank für Ihr Angebot! Ich bin damit einverstanden, das frischt unsere Schulkasse ein wenig auf. Sie fragen, warum Sie die Bücher unbedingt an einem Wochenende abholen sollen, zumal es schwer ist, dann einen großen Lastwagen mit Anhänger zu mieten. Ich schrieb Ihnen schon, daß die ganze Sache nicht publik werden darf. Die Lehrer- und Schülerbibliothek gibt es seit 1848, und wenn der Verkauf in die Presse gerät, werden sich alle Ortsvereine empören, vielleicht greifen dann sogar überregionale Zeitungen den Fall auf und schreiben von einem Skandal. Niemand will die Wahrheit wissen: Die Bibliothek wird seit Jahren von niemandem mehr benutzt. Der Altbestand, etwa die Erstauflagen von Fontane und von Heine und von Marx, ist in Fraktur geschrieben, und die ist uns allen verschlossen: Wer kann diese Schrift noch entziffern? Der heutige Lehrer hat auch nicht mehr die Möglichkeit, die Werke ganz zu lesen, sondern kauft sich eine moderne Auswahl, die er durch Farbmarkierungen noch einmal reduziert. Durch den bitte geheim zu haltenden Verkauf der Bibliothek gewinnen wir Platz für einen Kommunikationsraum der Lehrenden, und nach den Ferien wird niemand nachforschen wollen, wo denn die Bibliothek geblieben ist. Diesen Brief bitte ich vertraulich zu behandeln.

Mit freundlichen Grüßen, O. G.

DPA: Gladiatorenspiele

Die DPA meldet, daß die Stadt Las Vegas im kommenden Monat Gladiatorenspiele in altrömischer Art einführen wird. Die Mehrheit der Bevölkerung hat *für* diese sogenannten Imperial Games votiert, eine Klage von Mormonen beim Bundesgerichtshof wurde kostenpflichtig abgewiesen; Feministinnen konnten sich nicht einigen, ob sie gegen das ganze Unternehmen oder für eine Beteiligung von Gladiatorinnen kämpfen sollten. Der Gouverneur will männliche, vornehmlich farbige Häftlinge aus den überfüllten Zellen (2,3 Millionen Insassen insgesamt) für die Kämpfe freigeben, jedoch unter der Bedingung, daß sie länger als fünfzehn Jahre auf die Vollstreckung ihres Todesurteils warten, daß sie nach ärztlichem Attest gesund sind und daß sie, hierauf legte er besonderen Wert, schriftlich in Anwesenheit eines Anwalts ihr Einverständnis erklärt haben. Alles basiere absolut auf Freiheit und Demokratie (»liberty and democracy«); niemand werde zur Teilnahme gezwungen. Um den geschichtlichen Charakter der Spiele genau zu wahren, wurde ein römischer Historiker mit einem Millionenvertrag eingeflogen. In den maßgetreuen Steinanlagen des Las-Vegas-Kolosseums sollen besonders die Altersspuren der römischen Bauten genau reproduziert werden. Die Regie der Spiele liegt beim Fernsehsender. In einem Nebenvertrag wird geregelt, daß die Organe der getöteten Gladiatoren den Patienten der Kliniken von Las Vegas gespendet werden; der bekannte deutsche Pathologe Gunther von Hagens sicherte sich jedoch für 500 000 Dollar die Rechte, die Leichen besonders muskulöser Kämpfer öffentlich zu zeigen. Der Kommentar der meisten: »Für alle nützlich, so what?« Die Medien heben hervor, wie vorurteilslos und unbefangen besonders Kinder und Jugendliche die Spiele begrüßen; auch deutsche Besucher loben die Offenheit der Amerikaner, besonders der Jugendlichen, für Innovationen. Der bekannte Historiker der privaten Fernsehuniversität, Henry Smith, zeigt in seinen vielen Sonderbeiträgen, daß alle Menschen auf dem Weg nach »Nekropolis« seien (er sagt allerdings konstant »negropóolis«) und es nun darauf ankomme, die Geschichte, auch die römische, lebendig zu halten. Schon Nietzsche habe gesehen, daß das alte Europa keinen Kampfwillen mehr zeige; so müsse Amerika die starken Traditionen übernehmen und neu beleben. Überraschend lebhaft ist die finanzielle Unterstützung durch die Industrie; es wurde darauf hingewiesen, daß die Gladiatorenspiele Ängste bei den Zuschauern aktivieren und verstärken würden, die anonyme Angst aber sei ein klarer Produktionsfaktor geworden, man denke etwa an die Schutzanlagen von Wohnsiedlungen und die Hochrüstung der Bürger mit Handfeuerwaffen. Ohne die Angst müßten weite Teile der Produktion kollabieren; daher rechne man mit einer landesweiten Ausdehnung der Gladiatorenspiele und knüpfe schon Kontakt mit den Behörden anderer Staaten. Anthropologen rechnen mit einem heilsamen Anwachsen der Sekten; sie verweisen auf den tiefen Zusammenhang von Schrecken und Gehorsam, von Opferblut und Glauben. Die ovale Form der Arena zieht Menschenmassen an; sie wird in ethnologischen Arbeiten als Schoß von Geburt und Tod gedeutet. Die meisten jedoch kommen, um Menschen in die Augen zu sehen, die gleich getötet werden.

Über den Hinweis eines emeritierten Gelehrten, schon die alten Griechen hätten eigentlich die unverletzliche Würde jedes Menschen gelehrt und niemand dürfe »per lusum ac iocum« getötet werden, wurde vielfach gelacht; es handle sich ja um Todeskandidaten, und eine nichtchristliche Ethik gebe es sowieso nicht.

Washington wünscht, daß die Spiele mit einem Gebet beginnen, bei dem sich alle Zuschauer erheben und an dem die Gladiatoren selbst mit gefalteten Händen teilnehmen. Diesem Wunsch verweigerten die Veranstalter trotz hoher Subventionsversprechen bisher ihre Zustimmung. Der Präsident drohte an, nicht zur Eröffnung zu kommen.

Fußball versus Tennis

Nur zur Erinnerung: Als die Welt noch alteuropäisch geordnet war, spielten die Proleten Fußball und der Adel Tennis. Beim Fußball berührt der Ball besonders die Füße, aber auch den ganzen Körper, ausgenommen bei zehn Spielern ist die Hand, nach Aristoteles das alte Adelszeichen der Menschen gegenüber den anderen Tieren (nur Maradona durfte in Mexico den Ball mit der Hand Gottes berühren; und: »Solo Dio è più grande di te!«, wie es in Neapel von Maradona hieß). So steht das Fußballspielen in der Tradition des antiken Boxens, bei dem die Kämpfer auf den ganzen Körper einschlugen. Die Aristokraten boxten daher nie (Odysseus nur in der Rolle des Bettlers), sondern benutzten Waffen, die es ermöglichten, sich den Feind vom Leib zu halten: Speere, Pfeile, Lanzen, Schwerter. In der Eßkultur wurden an den Höfen Messer, Gabel und Löffel erfunden, um nicht tierartig und proletarisch das Essen unmittelbar zu berühren und in sich hinein zu schlingen, sondern mit verschiedenen künstlichen Instrumenten vom getrennten, je eigenen Teller zum Mund zu führen. Das Tennisspielen wurde erst erfunden, nachdem das Tischbesteck schon da war und man sich dezent kleine feine weiße Bälle mit einem löffelartigen Schläger oben in der Luft zuspielen konnte. Beim Fußball war der schwere Ball dagegen aus erdbraunem Leder.

Schön und erhaben ist nur, was durch die Fernsinne gefällt; der Geruch und Geschmack und der tölpelhafte Tastsinn haben sich herauszuhalten. Seit das Fernsehen jedoch beides zeigt, Tennis und Fußball, und seit auch die Fußbälle weiß und die Tennisbälle bunt sind, hat die Welt den Sinn für die feinen Unterschiede verloren.

10. Juni 2007: Neapel weint vor Freude, die ganze Stadt in einem emotionalen Taumel, *Napoli in cielo*: Durch den grandiosen Sieg über Genua ist die Stadt endlich wieder in der Oberliga! Deutscher Sommer 2006: Ein Jubel ein Volk! Wir sind Weltmeister, wir!

Wen interessiert dagegen in Belgien, daß eine gewisse

Justine Henin zum dritten Mal das French Open gewann? Die Identitätsbildung der Städte und der Nationen geschieht durch den Fußball, nicht das Tennisspiel, unten gemeinsam, nicht oben und elitär.

Bildwende

»Aber hören Sie! Schon bei Kant deutet sich der *iconic turn* an: ›Gedanken ohne Inhalt sind leer, Anschauungen ohne Begriffe sind blind. Daher ist es ebenso notwendig, seine Begriffe sinnlich zu machen (d. i., ihnen den Gegenstand in der Anschauung beizufügen), als seine Anschauungen sich verständlich zu machen (d. i., sie unter Begriffe zu bringen).‹ Bilder sind das A und O des Denkens!«

»Ein Irrtum, ein purer Irrtum! ›Den Gegenstand in der Anschauung beifügen‹ – wie soll denn das bei dem Philosophen selber gehen? Fügen Sie doch einmal dem Titel *Kritik der reinen Vernunft* den Gegenstand in der Anschauung bei! ›Kritik‹ in der Anschauung, ›Vernunft in der Anschauung‹! Lächerlich, mein Guter.«

Pacta sunt servanda

Verträge und Versprechen müssen gehalten werden, das ist der vielleicht älteste Satz des Naturrechts. Der Kanzler sagte, daß er illegalen Spendenzahlern sein Ehrenwort gegeben habe, sie nicht zu nennen, und daß er an dieses Ehrenwort gebunden sei; ein Sizilianer aus Corleone hielt den Vertrag und brachte die Leiche eines Polizisten pünktlich im Kofferraum nach Palermo, großartig, weil er viele Straßensperren zu umgehen hatte. Der Organkäufer zahlte die vereinbarte Summe und blieb im Geschäft. So gibt es entgegen dem Gerede vom Werteverfall doch konstante Redlichkeiten auf der Welt.

Außenwelt

Was die Außenwelt ist, weiß jeder – mit einer großen Armbewegung läßt sich zeigen, wo sie sich befindet: Im All bis hinab zum Nachbarhaus, und? Gehört mein Arm zur Außenwelt? Das eigene Gehirn? Die Kühnen entscheiden sich für ja oder nein, aber wir suchen keine Kühnheit, sondern die Wahrheit: Ist mein Gehirn ein Teil der Außenwelt?

Im Körper dieses Schimpansen hier und jenes Menschen gibt es jeweils ein Gehirn. Zugestanden. In diesen Gehirnen nun laufen die Reize der Sinne zusammen, werden umgemodelt, vereinigt und als das projiziert, was wir als unsere Welt, Außenwelt, erleben: Der Baum dort ist eine Formation des Gehirns aufgrund bestimmter Sinnesreize. Jetzt kühn der Schluß gezogen: Das Gehirn des Schimpansen, ein Organ in der Raum-Zeit-Welt, also Außenwelt, produziert die Welt, in der es selbst vorkommt.

Ohne große Armbewegung verneigen wir uns in Ehrfurcht vor diesem und unserem eigenen Gehirn da draußen.

Freiheit, Gleichheit, Ungleichheit

Über die rechtliche *Freiheit* vom ungesetzlichen Zwang durch andere Bürger konnte man sich in der Neuzeit rasch einigen, damit aber auch über die rechtliche *Gleichheit* aller Bürger, die eine Folge der gesetzlichen Freiheit ist. Der winzige Rest blieb die gesellschaftliche Hierarchie, das ökonomische Oben und Unten, die »inégalité parmi les hommes«, die nicht mehr durch die gottgewollten Stände der Geistlichkeit, des Adels und des dritten Standes der Bürger gedeckt war. Die Französische Revolution verkündete kühn das Einverständnis unter Brüdern, *fraternité* sollte das Dritte sein: *»Liberté, égalité, fraternité!«*

Ein Russe und ein Pole fanden einen Goldklumpen. »Teilen wir ihn unter Brüdern!« sagte der große Bruder. »Mir ist fünfzig / fünfzig lieber«, sagte der Pole.

Wie geht man mit der teils naturgegebenen, teils gesellschaftlich erzeugten physischen und geistigen Ungleichheit von Brüdern und Nichtbrüdern rechtlich um, oder: Wie ist das Problem der Gerechtigkeit immer neu zu lösen?

Tiefsinn

Ein Autor, der auf sich und sein Nachleben hält, sollte Formulierungen lancieren wie: »Der Schmerz gehört zu jenen Schlüsseln, mit denen man nicht nur das Innerste, sondern zugleich die Welt erschließt.« (Ernst Jünger) Irgend jemand wird des Weges kommen, den Satz im Staub entdecken und als Fußnote in sein schon abgeschlossenes Manuskript einfügen. Der nächste rückt den Satz in den Haupttext ein. Und als Motto endet er, unübertroffen in seiner existentiellen Wahrheit. Zur Abwechslung läßt sich auch verwenden: »Die Freude gehört zu jenen Schlüsseln, mit denen man nicht nur das Innerste, sondern zugleich die Welt erschließt.« »Der Gesang gehört [...].« Oder auch: »[...] nicht nur die Welt, sondern zugleich das Innerste erschließt«. Aber auch: »Ein nackter Körper löst alle Probleme des Universums.« Auch: »Das Universum verbirgt sich im nackten Stamm einer Zeder.« »Die Wahrheit liegt im Sein beschlossen.« Das wahrhaft Gute an diesen Sätzen ist, daß der Leser den Tiefsinn spürt und in den Schwebezustand einer endlosen Reflexion versetzt wird, nur der herbe Alltag oder der kalte Verstand kann sie beenden.

Auge um Auge, Zahn um Zahn: Strafe muß sein

»Gegen die harte Logik der Vergeltung ist wenig einzuwenden. Wie du mir, so ich dir, *jus talionis*: der Verbrecher verdient sich seine Strafe selber durch die Tat, so wie auf dem Markt den Lohn für seine Arbeit. Wer die Gesetze überschreitet, ist der ideelle Urheber der Strafe, die der Staat über ihn verhängt. Auge um Auge, Zahn um Zahn, der überführte Verbrecher kann sich über Unrecht nicht beklagen, also geschieht ihm ganz recht. Das einzige Problem: Wie kann man die Strafbehörden mit Hämmern und Zangen ausstatten, um dem Straffälligen hier einige Zähne, dort ein Auge auszuschlagen und den Folterer zu foltern?«

»Alles falsch. Diese Strafe ist ein Übel, das einem Menschen zugefügt wird; Menschen aber und also auch Staaten sollen gesetzlich nur Gutes tun, also können Verbrechen nicht mit einem Übel vergolten werden, sondern der Staat muß den irrenden Delinquenten aufklären und bessern und läutern.«

»Mit Gewalt oder nur, wenn der Herr Delinquent es auch möchte? Soll dieser selbst erklären, wann er geläutert ist?«

»Ach so.«

»Das wäre also eine Sackgasse. Wenn die Vergeltung gesetzlich notwendig ist, ist sie gut, weil das Gesetz festlegt, was gut und übel ist; das subjektive Übel also, der Schmerz, den der Verbrecher zur Vergeltung erleidet, ist objektiv gut, glaub es mir.«

Im unterirdischen Kanalsystem von Schuld und Sühne gelten dieselben Regeln wie im oberirdischen Kommerz, die Gesetzgebung und die Gerichte sind an den Äquivalententausch gebunden wie die Kaufleute an die Regeln des gerechten Preises. Nur ist der biblische Naturalientausch, meine Zähne, deine Zähne, nicht konsequent durchführbar und muß einer anderen Recheneinheit folgen. Bei Mord und Totschlag, Diebstahl und Folter: Das Äquivalent in der Währung, zu der der Staat befähigt ist, ist die schmerzhafte Geld- oder Freiheitsstrafe, alles andere widerspricht dem unverlierbaren Personsein des Menschen und der Würde des Staats, auch sie ist unantastbar, selbst der Verbrecher kann sie nicht beeinträchtigen. Der Bibelglaube an die staatliche Steinigung, das Vierteilen und Rädern, die Garrotte und das Kopfabschlagen sind dinosaurische Relikte. Sie setzen auf der Staatsseite voraus, daß es unter den Bewohnern ehr- und personlose Menschen gibt, für die die Formel der Freiheit und Gleichheit nicht gilt. In den fortgeschrittensten Todesstaaten hat sich die Strafjustiz schon in ferne Betonanlagen zurückgezogen und dort wieder in die Nadelspitze einer Giftspritze, mit der der festgeschnallte Delinquent umgebracht wird, fast spurlos, gewaltlos durchführbar von einem Kind. Die Todesstrafe wird eines Tages auch dieses zynische Nichts der Nadelspitze räumen müssen, aber auf ihr können bis dahin nach alten Berechnungen 666 Teufel zugleich herumtanzen.

Dilemma

Ein ehemaliger Staatspräsident und notorischer Verbrecher S. steht vor einem Tribunal, das das Regierungssyndikat einer anderen, widerrechtlich eingedrungenen Macht errichtet hat. Wie ist die Lage zu beurteilen? Daß ehemalige Staatschefs mit ihrer Bande vor ein Gericht gestellt werden, ist wenigstens seit der Französischen Revolution und dem Nürnberger Nachkriegsgericht eine Praxis, die das Rechtsgefühl mit Genugtuung begleitet, wenn es auch gute Gegenargumente gibt. Daß jedoch die Errichtung des Tribunals auf Verbrechen beruht, paralysiert unser Urteil und läßt das Rechtsgefühl erstarren. So viel ist sicher: S. wird kein Unrecht getan, wie immer das Urteil ausfällt, er kann sich vernünftigerweise nicht beklagen. Die Situation im ganzen ist wohl so zu beurteilen, daß das Recht überhaupt von beiden Seiten verletzt wird und die Lage nicht mehr rechtlich, sondern nur noch pragmatisch zu beurteilen ist: Was führt am schnellsten zu einem Zivilzustand, in dem wieder Recht und Unrecht getrennt werden können?

Sie können es nicht. Orient und Okzident

Vor der militärischen Eroberung des Irak forderte Saddam Hussein den amerikanischen Präsidenten zu einer Fernsehdiskussion auf. Der iranische Präsident Ahmadineschad schrieb später dem amerikanischen Präsidenten einen 18seitigen Brief, desgleichen der Bundeskanzlerin Merkel. Weder Saddam Hussein noch Ahmadineschad erhielten eine Antwort.

P. S. Nein, das Fernsehduell fand statt, und die Antworten wurden geschrieben. Der amerikanische Präsident zeigte im Fernsehgespräch einer erstaunten Welt, wie intim er mit der Geschichte, den Religionen und den Lebensformen des Vorderen Orients vertraut war und wie präzise er die rechtliche Lage und die frühere Politik der USA im Irak kannte. Er redete frei in Haupt- und Nebensätzen, im Indikativ und Konjunktiv, er hatte sich Elementarkenntnisse des Arabischen angeeignet, und mit den eingestreuten arabischen Wörtern und Redewendungen erwarb er die Achtung und Sympathie aller Iraker. Die gesamte Welt war noch erstaunter darüber, daß der amerikanische Präsident zur Neugier fähig war! Er gestand, bestimmte Dinge nicht zu durchschauen, und suchte nach Erklärungen bis zu den Ursprüngen der großen mesopotamischen, ihm völlig fremden Kultur. Er schonte den sichtlich überraschten Saddam, kam ihm bei dessen hilflos und zögernd vorgetragenen Argumenten zu Hilfe, nur einmal mußte Saddam ihn korrigieren: Bush gab vor, sich nicht recht zu erinnern und datierte die letzte Giftgaslieferung der Amerikaner auf fünf Jahre vor dem korrekten Datum; beide lachten, und die gelöste Stimmung trug wesentlich dazu bei, daß der Konflikt sachlich diskutiert und friedlich wie unter Brüdern gelöst wurde. – Der ausführliche Brief von Frau Dr. Merkel, der als Antwort an Ahmadineschad gerichtet wurde, war geistvoll und stilistisch so ausgefeilt, daß er in die Prosaauswahlen der englischen und deutschen Sprache einging. Der iranische Präsident fühlte sich endlich anerkannt; in vertrautem Kreis sagte er, erst das tiefsinnige Schreiben der deutschen Bundeskanzlerin hätte ihm gezeigt, was er eigentlich gemeint habe! Er erwies sich als Liebhaber der von ihm wenig beherrschten subtilen Unterscheidungen und wurde während des weiteren Briefwechsels ein friedliebender Bündnispartner aller Länder.

Brot und Weizen, auch: Die alte Achse der Bösen

Marie Antoinette (französische Königin, 1789): »Wie das?! Die Armen protestieren, sie könnten kein Brot mehr kaufen! Dann sollen sie doch Kuchen essen.«

Nato-Sprecher (2007): »Wie das?! Die afghanischen Bauern protestieren, sie könnten keinen Mohn mehr anbauen! Dann sollen sie doch endlich Weizen ernten!«

Folgen

Der Sprecher wies die Kritik am Präsidenten scharf zurück; er selbst, der Präsident, habe sich dagegen verwahrt, für die Folgen des Angriffs und der Besetzung des Landes verantwortlich zu sein; die Durchsicht aller Akten und Gesprächsprotokolle zeige eindeutig, daß der Präsident den Bürgerkrieg in keiner Phase der Vorbereitungen geplant habe, denn das Wort selbst komme an keiner Stelle vor, die jetzigen verheerenden Anschläge könnten ihm also auch nicht zur Last gelegt werden, wie dies in feindlich gesinnten Medien geschehe. Auch die Existenz sog. Sunniten und Schititen sei dem Präsidenten und seinen Beratern vor der Invasion unbekannt gewesen, wie leicht beweisbar sei. Der Präsident sei sehr betroffen durch die Entwicklung und rufe dringend zur Besonnenheit auf, jetzt sei es eine Entscheidung des Landes, ob es »liberty and democracy« wolle oder nicht.

Die Presse, soweit sie den notwendigen Überfall von Anfang an unterstützt hatte, dankte ausdrücklich für diese klärenden Worte, die sie am folgenden Tag auch auf der ersten Seite mit Fotos im Wortlaut brachte.

Stalingrad – Bagdad

»Ich war lange Zeit im Irak; ich kenne die sommerliche brütende Hitze in der Millionenstadt Bagdad, in der Nacht und am Tage, für einen Europäer ganz unglaublich: Kann es so heiß werden auf diesem Globus? Wie konnte hier die erste Kultur der Menschheit entstehen, der Anfang von allem, von Israel und Europa, zu schweigen von Amerika und Australien? Es ist eine bewundernswerte Intensität des menschlichen Geistes, die die Kultur am Euphrat und Tigris ermöglichte. Die erste Stadtverwaltung, die erste Schrift, die Ordnung von Erde und Himmel: das alles stammt aus diesem Land! Bedeutende freie nachdenkende Menschen, die sich aus dem Inkubus der Tierheit emanzipierten, mit Glück und Unglück, aber alles im Rahmen ihrer, wie es heißt, wechselvollen Geschichte mit Kriegs- und Friedensfolgen, mit dem Glück und Elend, die Iraker kannten ihre Geschichte und wußten um das Auf und Ab von guten und schlechten Herrschern. Dann jedoch kam die Große Zerstörung, die Invasion, die die Identität des Landes am Euphrat und Tigris für immer zerstörte. Eine Ungeheuerlichkeit, über die die schuldigen Länder als ein Ereignis unter anderen hinweggehen wollen. Aber für die Beteiligten ist es ein tägliches Stalingrad, dort 40 Grad Minus, hier 50 Grad Plus, dort war der Tod schneller und freundlicher als hier in der sengenden Hitze am Tigris, die Kinder ohne Wasser und Elektrizität, die Nächte ohne Ruhe vor den Helikoptern der feindlichen Armee. Und dann die Gewalt von Haus zu Haus, von Straße zu Straße, in allen Vierteln, und Ihr seht zu, und es erscheinen die abwägenden Kommentare der feinen lächelnden Lords und Politiker. Warum kommen sie nicht, um eines, nur eines der fünfzigtausend von ihnen ermordeten Kinder zu begraben? Keiner von ihnen kommt in die Stadt Bagdad, so wenig wie Hitler nach Stalingrad kam.

Beste Grüße, S. O.«

Bilder, Bilder, Bilder

»Sie haben das Wort, Herr Stadtplaner!«

»Vielen Dank! Wir haben keine wirkliche Lösung für die Trabanten- und Vorstädte gefunden. Die Öde der wachsenden Wohnsilos ist weder durch die Hochhäuser selbst noch durch die Straßen und Hochstraßen zu lösen. Die Zwischenräume werden durch Parkplätze beansprucht – alles hoffnungslos für uns Urbanisten. Die einzige Möglichkeit für die Menschen liegt außerhalb unserer eigentlichen Zuständigkeit als Stadttechniker, sie liegt, bitte lachen Sie nicht, außerhalb der Wirklichkeit, im Ikonischen. Die Imperative der Ökonomie, ihrer Produktion und ihrer Zirkulation und ihres Konsums, sie sind von eiserner Härte, niemand soll noch seine Gedanken darauf verschwenden, wie aus dem Pflaster der Straßen und dem Beton der Häuser Blumen wachsen können. Aber in den Bildern, meine Damen und Herren, gibt es keine Pflastersteine und keinen festen Beton mehr, sondern nur noch die unendliche Macht der Einbildungskraft – »imagination au pouvoir«, Bilder, Bilder, Bilder. Geben Sie den desolaten Existenzen in den Städten und Vorstädten einen nie endenden Fluß von Bildern, 10, 100, 1000 Fernsehprogramme, gewaltige Kinopaläste und neue Museen, und sie werden die aufzüngelnden Unruhen ohne Polizei einfach aus dem Inneren, aus der Psyche der Menschen selbst, niederhalten und beschwichtigen. Täglich neue Bilderfluten aus dem Okzident und Orient, Gewalt und Sex, Berge, Tiere, die sich bekämpfen und begatten, das Meer und die Korallen und Quallen, schleusen Sie alles in das Bewußtsein unserer Bevölkerung, und es wird Ruhe einkehren, und die Ruhe ist, wie Sie wissen, das höchste Gut der Menschheit und der Städte. Um die Medien in Film und Fernsehen brauchen wir uns nicht zu sorgen, die private Industrie erfüllt ihre Pflichten vorbildlich. Was tun mit den Fremden, die in die Stadt kommen und sehen, daß sie nur sehen, was ihren Sehsinn verletzt und nicht fotografierbar ist? Baut Häuser für unbewegte Bilder und lenkt sie dort hinein. Man sollte nicht nur in den Zentren der berühmten Städte neue Museen eröffnen, sondern auch in der Peripherie, selbst in Unstädten ohne Zentrum. Es genügt die Investition in einen Museumsbau der letzten Mode, sodann drei, vier Werke von Picasso oder van Gogh und ein Rembrandt, daneben hundert sekundäre und fünfhundert lokale Größen, schon ist die internationale Aufmerksamkeit und damit auch die lokale gesichert, die Bilder erhöhen das Selbstbewußtsein, die Touristenströme werden hergelenkt, und das Elend der gesichtslosen Existenz wird für ein, zwei Stunden vergessen.«

»Vielen Dank für diesen Vorschlag! Gibt es Gegenstimmen? Das ist nicht der Fall. Also haben wir eine ikonische Wende in unserer Stadtplanung beschlossen und finanzieren ein Museum von weltweiter Ausstrahlung. Die Sitzung, meine Damen und Herren, ist hiermit geschlossen.«

Feines Deutschtum

Hans-Georg Gadamer offenbarte 1942 bei einem Vortrag im besetzten Paris folgende Unwahrheit: Die politische Verspätung des deutschen Volkes sei, so belehrte er die Franzosen in einer nach 1945 gestrichenen Passage, »die Voraussetzung dafür, daß der deutsche Begriff des Volkes im Unterschied zu den demokratischen Parolen [*ein* Begriff, *viele* Parolen, RB] des Westens in einer veränderten Gegenwart die Kraft zu neuer politischer und sozialer Ordnung erweist. [...] was es von allen anderen Völkern Europas abhebt und vor ihnen auszeichnet: die Tiefe und Weite seines geschichtlichen Selbstbewußtseins. [...] Es lebt aus der ganzen Weite seiner weltgeschichtlichen Herkunft: aus der Leidenschaft der griechischen Polis so gut wie aus der Treue der germanischen

Frühzeit, aus dem Reichsgedanken des deutschen Mittelalters so gut wie aus den großen Augenblicken seiner politisch-nationalen Einheit in der neueren Geschichte.« Friedrich Nietzsche hatte schon 1872 (Sedan 1870!) zeitgemäß geäußert: »Jetzt endlich darf der deutsche Geist, nach seiner Heimkehr zum Urquell seines Wesens, vor allen Völkern kühn und frei, ohne das Gängelband einer romanischen Zivilisation, einherzuschreiten wagen: wenn er nur von einem Volke unentwegt zu lernen versteht, von dem überhaupt lernen zu können schon ein hoher Ruhm und eine auszeichnende Seltenheit ist, von den Griechen.«

Gadamer entwickelte in *Wahrheit und Methode* eine allgemein ersehnte und außerordentlich erfolgreiche Hermeneutik, die beide Versionen, den ursprünglichen Text und seine Streichung, aus dem wechselnden Horizont der Zeit begreifen und rechtfertigen ließ. So steht es mit der Wahrheit und ihrer politikfreien Methode, du Kritiker!

Propaganda, Vierte Gewalt

Nach zögerlichen Vorgedanken bei Aristoteles und John Locke etablierte sich im 18. Jahrhundert die Lehre von den drei Staatsgewalten der Legislative, Exekutive und Judikative als festes System und als die einzig rechtliche Alternative zu Despotismus und Anarchie. Das rechtliche Postulat der öffentlichen Meinungsfreiheit, ebenfalls Produkt der Aufklärung, wandelte sich im 19. Jahrhundert zur Anerkennung einer Vierten Gewalt. Sie tritt den drei offiziellen Gewalten als Korrektiv entgegen und äußert sich in einer freien Presse, im Demonstrationsrecht, in der Versammlungsfreiheit. Lenin und Goebbels ließen in diktatorischer Schläue die vierte Gewalt im Propagandaministerium verschwinden, so gab es sie, und es gab sie nicht. In den liberalen Staaten entwickeln sich die Medien auf vielen Schleichwegen aus der Vierten Gewalt zur Erst- und Übergewalt im Staat; die drei ursprünglichen Instanzen werden tendenziell zu Organen dieser bunten und bewegten Gewalt der Gewalten. Und wonach richten sich die Medien? Nach vielerlei, nach der ausgesuchten Wahrheit; nach dem Kapital, das sie besitzt und finanziert und die Anzeigen einschwemmt, nach der Konkurrenz, nach den Lesern und nach der Mode. Die »democracy and liberty«-Posauner setzen darauf, daß sie die Bildung der Bürger weiter so absenken können, daß ihnen das eigene Sehen und Hören und mündige Urteilen vergeht. So läßt sich die vielköpfige Menge im Taumel lenken. Forza.

Macht, Gewalt

Nebukadnezar, Xerxes, Alexander der Große, Attila, Dschingis Khan, Napoleon, Hitler und Stalin: Die staatliche Macht und Gewalt bricht aus den Einhegungen des normalen Ganges wie ein Stück nackter Natur hervor, löst die rationalen Erwägungen, die Verträge, das Recht der Völker und setzt den Instinkt der puren Macht und Machterhöhung an die Stelle der vernünftigen Einordnung in Diskurse, Erwägungen gemeinsamer Lösungen, Projektion eines paritätischen Friedens. Alles Sprechen und Schreiben ist so deplaziert wie das Einreden auf einen Wasserfall, das verbale Beschwichtigen von Wolken und Stürmen. Dämonen in sonst vielleicht mittelmäßigen Köpfen – was soll man ihnen sagen, wissend, daß das Handeln von Machteruptionen gelenkt wird und sich nichts sagen läßt? Zwei Kulturen, die Ausbrüche auftrumpfender Gewalt, und dann das Gerede, das die Gewalt im Feuilleton umraunt, *words, words, words*, vorweg und hinterher.

Unsere eigene Gesellschafts- und Staatsphilosophie kannte sie seit langem nicht mehr und hielt die Geschichte der monströsen Machtausbrüche für beendet, sie wandte sich nach 1945 der Verteilung des Wohlstands in bürgerlichen Rechtsverhältnissen zu; nicht einmal der bürgerliche Verbrecher begegnet in den frisch gebügelten Zivildiskursen, kein Wort von Strafe und wie es möglich sein soll, daß der Verbrecher seine Freiheit verliert.

Der Böse, Satan, redivivus

Lieber Herr Kelly,
Ihr gedankenreiches Buch *Satan: A Biography* (Cambridge University Press 2006) hat für uns alle die größte Bedeutung. Endlich wagt es jemand, dem Teufel seine fast verlorene Existenz zurückzugeben und auch Personen zu benennen, von denen gut belegbar ist, daß der Teufel in ihnen steckte. Jetzt wird man den Ursprung der menschlichen Übel nicht mehr im mißlichen Charakter und der schlechten Naturanlage der Einzelnen suchen, man wird nicht mehr permanent die Familie, die Schule, die sozialen Verhältnisse oder gar das ganze Gesellschaftssystem als die Ursachen des kriminellen Handelns kritisieren und verändern wollen, sondern in allem Satans Treiben erkennen. Der Böse läßt sich nicht mit Vernunft begreifen, weil er seit Anbeginn als Numinosum zur menschlichen Existenz gehört. Kurz: Sie haben endlich das Diabolische gerettet, und wer gottesfürchtig ist, muß und wird Ihnen danken,

Ihre B.

Osservatore Romano

Die Zeitung des Vatikans wies in ihrer Nummer vom 13.8.2009 in aller Entschiedenheit die Vorstellung zurück, daß in die nunmehr beschlossenen Ämter für Exorzismus in jeder Diözese auch Frauen berufen werden könnten. Zur Austreibung des Teufels, hieß es, bedürfe es der besonderen Weihen, die nun einmal dem männlichen Geschlecht vorbehalten seien. Die Probe exorzistischer Begabung und Berufung müsse vor einem Kollegium geliefert werden, das seinerseits begabt und berufen sei, die leibhafte Ausfahrt des Teufels aus seinen Opfern zu beobachten. Frauen seien auch schon durch ihre Natur zum Exorzismus nicht begabt, weil sie den Opfern selbst Glauben schenken würden, wenn diese listigerweise behaupten, nicht besessen zu sein. Diese List zu durchschauen und standhaft zu bleiben, bedürfe es großer Umsicht und Härte. Umgekehrt zeige die Erfahrung, daß der Teufel sich besonders häufig der Frauen bemächtige und durch sie seine Bosheiten verrichte.

Warlords

Schon Jahre vor dem Überfall auf das ferne reiche Land beschloß der Senat ohne Gegenstimmen die Abschaffung der Wehrpflicht. Wozu sollen wir, hatte ein Senator gesagt (Millionär wie die meisten anderen), mit eigenen Händen und eigenen Söhnen die Kohlen aus dem Feuer holen, wenn wir Zangen dazu haben? Der Satz wurde aus dem Protokoll gestrichen, weil man befürchtete, er könnte mißverstanden werden, als ob die Senatoren ihre eigenen Töchter und Söhne und die übrigen Reichen und Schönen aus den psychischen Zerstörungen und den Zinksärgen heraushalten wollten, in denen die Leichen der Soldaten zurückgeflogen werden. Der Senat untersagte in einer weiteren Abstimmung der Armee, Offiziere in das Kampfgebiet zu entsenden; die Begründung war die Höhe der Kosten für die Ausbildung, Teilnehmer an der Sitzung sprachen jedoch auch von anderen Motiven. Über den nächsten zu führenden Krieg wurde heiter mit Standing ovations abgestimmt.

Die Uniform der Mächtigen und Reichen

Früher waren die Herrscher bunt und prächtig gekleidet, es gab Turbane und Togen, goldene Ketten und köstliche Federn von Fasanen, farbig glänzende allerhöchste Orden, geschmückt mit Diamanten, mit Brillanten und Gold über Gold, es gab herrlich weite und engste Gewänder aus leichter Seide und schwerem Brokat, Zierdolche aus Filigran und edelsteinbesetzte Schwerter, Zobelfelle auf schweren und würdigen Talaren, samtene Beinkleider über künstlichen Waden und leichte Schnabelschuhe und glitzernde Zepter. Wie reiste doch Mozart von Wien nach Prag? »Mit Schonung für die neuen, im Koffer eingepackten Staatsgewänder war der Anzug des Gemahls bescheidentlich von Frau Konstanzen ausgewählt: zu der gestickten Weste von etwas verschossenem Blau sein gewohnter brauner Überrock mit einer Reihe großer und dergestalt fassionierter Knöpfe, daß eine Lage rötliches Rauschgold durch ihr sternartiges Gewebe schimmerte, schwarzseidene Beinkleider, Strümpfe und auf den Schuhen vergoldete Schnallen.«

Der Vater von Henriette Herz, ein Arzt, um 1750 in Berlin: »Seine Kleidung war, nach damaliger Zeit, elegant, feine tuchene und seidene und samtene Kleider, mit Tressen besetzt, immer Schuh und seidene Strümpfe, seidne Westen und dergleichen, die feinste Wäsche, eine Knotenperücke und feinen dreieckigen Hut.«

Die Mächtigen unserer Welt dagegen, die Präsidenten und Bankiers, die weltbekannten Retter und Ruinierer der Firmen, sie zeigen ihren Reichtum nicht mehr in ihren Kleidern und den Brillanten auf den Federn des Baretts. Das alles gehört in eine Epoche, in der noch der Schein erregt werden konnte, das zur Schau gestellte Gold und Silber sei Regent der Welt. Der Sinnenglanz der Kleidung gehört seit langem zu den Requisiten des Theaters für Vergangenheitsstücke. Heute kleidet sich der mächtigste Mensch der produktiven Welt, der Milliardär der Milliardäre, nicht anders als der Angestellte kleiner Banken. Sie erscheinen auf dem G8-Gipfel so uniformiert, wie die härteste Diktatur es nicht erzwingen könnte; uniformierter als ihre Generäle, die sich für ihr atavistisches Geschäft in nationalen feldgrauen Monturen mit bedeutungsvollen Kordeln und Orden präsentieren. Die äußere Erscheinung hat sich dem Ding an sich, dem allgemeinen Äquivalent des Geldes, angeglichen und streicht die Unterschiede im Phänomenbereich, die tatsächlich nicht zählen.

Die reichsten und mächtigsten Frauen dagegen sind nicht identisch uniformiert wie die Männer, aber ausgesprochen zurückhaltend in der Schaustellung von Weisheit, Macht und Reichtum. Die Kleidung kann auf ihre eigentliche Funktion zurückgeschneidert werden, auf Wärmeschutz, Schambedekkung, gefälliges Aussehen. Die homogene Lösung, weltweit, ist die mimetische Anpassung an die universelle Geltung des einen abstrakten Geldwerts. Nicht Gold und Brillanten machen den eigentlichen Reichtum aus, sondern die Verfügung über Konten mit abstrakten Mitteln und Medien. Eine Mitursache der Weltuniform liegt in der universellen Anerkennung der Demokratie. Alle sind frei und gleich; die Differenz erscheint nicht auf dieser rechtlichen Oberfläche, sondern in der verborgenen Ökonomie. Die Ungleichheit in der Bekleidung zu demonstrieren, würde die politische Außenhaut der Plutokratien verletzen.

Die katholische Kirche läßt ihre Würdenträger aus einem Machtkalkül in den alten Phantasiegewändern der Priester römischer Brücken und Heiligtümer zelebrieren, die Welt folgt dankbar mit gläubigem Lächeln. Um nicht uniform gekleidet zu sein, versammeln sich unsere machtlosen Könige bei Hochzeit und Begräbnis in ihren militärischen Uniformen, nicht im Anzug. Selbst bei einem so friedvollen Akt wie der Taufe einer Enkelin paradieren Vater und Großvater militärisch, weil sie sich durch nichts anderes mehr von den Bürgern und Dienern im Hintergrund unterscheiden können.

Shame

Der Außenminister hatte die Unwahrheit vor der Vollversammlung gesagt und äußerte an anderem Ort, er schäme sich dafür. Wie das? Wie kann man sich für eine Unwahrheit schämen? Man bedauert sie, es sei denn, sie sei eine Lüge, und für die Lüge bittet man die Belogenen um Entschuldigung, förmlich, öffentlich. Man erklärt auch, warum man die Versammlung belogen hat.

Letzte Nachricht

Die letzte Nachricht einer Bekannten erreichte mich am 2. September aus New Orleans, eine E-Mail, die ich hier in meiner Übersetzung wiedergebe:

Caro R., die Flutwelle und der Sturm kamen mit einer Gewalt, die alles übertraf, was ich mir vorher ausgemalt hatte, so groß, so unerbittlich, fast möchte ich sagen: souverän und schrankenlos; die Augen und Ohren betäubt und aus dem eigenen Körper gerissen, apokalyptisch, titanisch, höllisch, maßlos und verrückt und strotzend vor heulender und alles zerbrechender Kraft, Holzhäuser und Autos herumgewirbelt und dann von den Wasserbergen zermalmt, Menschen, vor allem Schwarze, die gestikulierend auftauchen und verschwinden, das sich in die Ohren einätzende Schreien und Gurgeln und Brüllen. Unsere Sprache ist für den Alltag gemacht mit einigen Merkwörtern für die wöchentliche Sensation; um dies hier beschreiben zu können, müßten neue Wörter in einer neuen Syntax erfunden werden, in die dieses Toben unmittelbar einginge. Hier ist die Distanz zu dem, was die Sprache »Natur« nennt, gänzlich aufgehoben, Tier- und schmutzige Menschenleichen, Wracks von Hauseinrichtungen, alles ist gleich und eins, alles wieder Natur, wie wir sagen.

Ich habe mich in den obersten Raum eines stabil gebauten Hauses gerettet und warte auf Hilfe und schreibe, so lange der Computer funktioniert.

Die Feinen und Reichen haben die Stadt mit Flugzeugen und eigenen Autos und klimatisierten Bussen vorher verlassen. Die Regierung wird den Medien alles erklären. Die freie Presse wird die Gründe verfeinern. Ob ich in meinem Haus überlebe? *Un abbraccio*, E.

Gigantische Klage

Schweizer Rechtsanwälte bereiten, wie jetzt bekannt wurde, eine Schadensersatzklage gegen die Niederlande vor, die alle Dimensionen bisheriger Ersatzklagen sprengt und deswegen schon jetzt *historisch* genannt wird. Die Schweizer fanden in einem alten Manuskript den Satz: »Der Rhein Strohm scheint derjenige zu seyn, der das Erdreich ansetzet, woraus Holland bestehet.« Es ist sofort offenkundig, daß ein großer Teil des Territoriums der Niederlande aus Schwemmland besteht, dessen Herkunft eindeutig verifiziert ist: Es ist die Schweiz, aus der der Rhein das Erbgut fortschleppt und Tag und Nacht bis in die nördlichen Mündungsgebiete trägt. Geologen haben jetzt die Erdmenge genau berechnet, Ökonomen haben den Schaden der Schweiz geschätzt und auch den Nutzen, den die Niederlande seit ihrer Staatsgründung aus dem Schweizer Erdreich gezogen haben. Die genaue Ziffer wird bis zum Prozeßbeginn geheim gehalten, Fachleute verrieten jedoch, daß als Verrechnungseinheit eine neue Größe jenseits von Milliarden und Trillionen eingeführt wird. Die Schweiz investiert bereits die erwarteten Gewinne in Kühlaggregate für die Alpenlandschaft, denn Experten halten ein künstliches Kältesystem unter den Bergen angesichts der allgemeinen Welterwärmung für unvermeidlich.

Apokalypse

Psi-Mail an einen extraterrestrischen Korrespondenten: »Ein wahrhaft welthistorischer Tag: Heute wurde, wie eine Privatagentur meldet, der letzte Regierungssitz auf dieser Erde geschlossen und damit die lange Phase der Gründung, der Herrschaft und des Niedergangs der sogenannten Staaten beendet. Sie sind jetzt ausgestorben, diese einstigen Leviathane, so wie die Dinosaurier auf diesem Globus ausstarben. Wir sprechen und schreiben, so weit das noch möglich ist, viel über die Gründe dieses Staatensterbens. Sie haben sich in ihren großen Zeiten wie feindliche Dämonen bekämpft und zerstört, souverän und glanzvoll und elend, sie bedeckten machtvoll die ganze Oberfläche des Planeten, bis der Zerfall im Inneren und Äußeren einsetzte, parastaatliche Unternehmen und Banden und globale Überbauten vernichteten ihre Funktionen und Lebenskräfte. Es kamen viele Faktoren zusammen, die zum Staatensterben führten. Alle delegierten wesentliche Hoheitsrechte an Privatfirmen, so mieteten private Manager Söldner zum Schutz ihrer Wohngebiete und für die Kriege, die inkompetent und folglich grausam waren; die Justizanstalten wurden an Firmen, d. h. getarnte Banden, verpachtet. Dann Post, Bahn, Bildung. Die politischen internationalen Beziehungen gerieten unter das Diktat plündernder Großfirmen. Die Bildung konzentrierte sich auf ökonomische Interessen, so daß die Bevölkerung politisch unmündig wurde. Keinem Staat gelang es mehr, eine Identität zu entwickeln, die die eines beliebigen Fußballvereins übertraf. Global agierende Firmen, die Gewaltkartelle von Medellin bis Moskau, orientierungslose Regierungen und die Reden- und Resolutionsfabrik der UNO, so kam es zum Ende allen wirksamen Rechts. Das Aufkommen des Terrorismus lockte die Staaten in die Falle, selbst terroristisch zu werden – den Beteuerungen, sie würden sich von terroristischen Vereinigungen unterscheiden, glaubte am Schluß niemand mehr. Sie mutierten zu mehrköpfigen Monstren; die Glieder wuchsen in unterschiedliche Richtungen, so daß sie weder vorwärts noch rückwärts gehen wollten und konnten. Jetzt also der wirkliche Hirn- und Herztod. Wir vegetieren hier in einer asphaltierten Wüste ohne Anfang und Ende. Es wird immer wieder ein Text von 1651 zitiert, der das genau beschreibt, was wir täglich erleben: »In einer solchen Lage ist für Fleiß kein Raum, da man sich seiner Früchte nicht sicher sein kann; und folglich gibt es keinen Ackerbau, keine Schiffahrt, keine Waren, die auf dem Seeweg eingeführt werden können, keine bequemen Gebäude, keine Geräte, um Dinge, deren Fortbewegung viel Kraft erfordert, hin- und herzubewegen, keine Kenntnis von der Erdoberfläche, keine Zeitrechnung, keine

Künste, keine Literatur, keine gesellschaftlichen Beziehungen, und es herrscht, was das Schlimmste von allem ist, beständige Furcht und Gefahr eines gewaltsamen Todes – das menschliche Leben ist einsam, armselig, ekelhaft, tierisch und kurz: *And the life of man, solitary, poore, nasty, brutish, and short.* Der Präsident eines früheren Staates soll in einem Altersheim auf der Schulter Gottes weinen und seinen Kanarienvogel mit kleinen Zementstücken füttern.

Wir sind am Ende. Ich hoffe, daß diese Psi-Mail noch abgeht; wenn es möglich ist, antwortet mir. Einige Banken und Fluggesellschaften unterhalten noch Verbindungen.«

Delegation und Selbstvernichtung

Zentrale Aspekte der biologischen und kulturellen Entwicklung lassen sich als Delegation beschreiben (nicht erklären). Die Spezialisierung der Natur geschieht im Sieb der Selektion in der Weise, daß die Einzeller an einen Zellteil eine besondere Funktion delegieren; dieses bildet z. B. die Festschale und das Knochengerüst, das seinerseits weitere Delegationen in den nunmehr festen Räumen des Körpers ermöglicht. Das Atmen wird an die Lunge, das Denken an einen Zellhaufen unter dem behaarten Schutzdach des Schädels delegiert. Die Kulturentwicklung ist ein permanenter Prozeß der Auslese-Delegation von Aufgaben; die Wölfe delegieren die besondere Aufmerksamkeit und Entschlußkraft an den Leitwolf, die Menschen kreieren erst Könige, dann Institutionen und besonders geschulte Personen. Physische und intellektuelle Fähigkeiten, die zu allen Menschen gehörten, sind an maschinelle Systeme delegiert worden und erleben dort hochgradige Eigenentwicklungen in immer neuen Schüben der Entäußerung. Die einst mühsam erlernte eigene Hand- und Schönschrift ist an die Schreibmaschine delegiert, der gestaltlose Tastendruck wird elektronisch in vorgeformte Symbole transformiert. Schön schreibt niemand mehr. Der »homo delegans« entledigt sich in seinem kulturellen Evolutionsprozeß seiner rudimentären Fähigkeiten und kann sie durch Isolierung steigern und ins Nichtwiedererkennbare perfektionieren. Das Mitleid und die Fürsorge übernimmt der Staat durch moderate Umschichtung durch die Steuergesetze. Der *iconic turn* ist in Wirklichkeit keine Wende, sondern ein Prozeß, in dem in immer perfekterer Form die eigene Phantasie und Einbildungskraft an Bildmedien delegiert werden; der Wildwuchs im eigenen Kopf ist den artistischen Bilderwelten im Fernsehen gewichen – wie kann die private Phantasie je die Perfektion der spezialisierten Anstalten erreichen? Das moderne Haus ruft bei der Feuerwehr an, wenn es zu brennen beginnt – welcher menschliche Bewohner hat einen so feinen Geruchssinn wie das Schutzsystem seines Hauses? Radfahrer sollten die übernatürliche Steigerung von Geschwindigkeit und Ausdauer nicht an Dopingmittel im eigenen Körper delegieren, sondern, schon aus Gesundheits- und Kontrollgründen, an einen unsichtbaren lautlosen Motor im Gestänge des Fahrrads; es geht los wie der Blitz.

Wer kann sich noch seines eigenen Verstandes bedienen, wie die verträumten Aufklärer wollten? Wer kann den Computer programmieren, die Straßenbahn lenken und Aspirin erfinden? Es sind immer andere, die dies können müssen, und dem eigenen Verstand bleibt nur ein kleines Schlupfloch, in dem er das alles aufschreibt.

Die Natur hat offenbar nach der Kreation des Delegationsspezialisten Mensch mit der eigenen Weiterentwicklung Schluß gemacht, der biologische Nach- und Übermensch läßt auf sich warten, vielleicht reicht als Plattform der jetzige Homo sapiens sapiens. Wird er, im Delegationssystem fortschreitend, zum Homo stultus stultus? Was bleibt vom Menschen übrig, wenn er alle, fast alle physischen und intellektuellen Tätigkeiten, die für die Vernunft und seine Fortexistenz wichtig sind, an nichtmenschliche Systeme oder isolierte Spezialisten delegiert hat, von der Geburt zum Tod, der künstlichen Befruchtung im Leihkörper bis zum Tod durch das Selbstabschalten eines Apparats, sobald die eingegebene Kostengrenze erreicht ist? Auch die innere Mobilisierung ist möglich: an das Pharmakon Ritalin wird die Leistungssteigerung im Unterricht delegiert, »neuroenhancements« übernehmen andere Ausfälle der natürlichen Residualmenschen. Der Schachchip im Gehirn des neuen Weltmeisters sicherte der japanischen Firma eine Umsatzsteigerung von 153%, der Ethik-Chip sorgt für Ausgleich und heiteres Lächeln.

Die Hand- und Kopfarbeit, das Übel und das Kreuz der Menschen, wird unaufhaltsam an elektronisch gesteuerte Maschinen delegiert; erleichtert um ihre Bürde, tritt die Speerspitze der Menschheit, das Heer der endlich Arbeitsfreien, in das Paradies zurück.

»Wir benötigen Reflexions-Wissenschaften, die die technische Entwicklung kritisch-konstruktiv beobachten und an ihrer Gestaltung mitwirken« – feiner Gedanke, dem nur die Einsicht in die Triebkraft der progressiven Delegation und der Selbstverarmung des Menschen fehlt, denn diese ist das Ergebnis von konkurrierenden Angeboten, die Schmerzen und Mängel zu beheben. Für die Reflexion fehlt ein Subjekt, das sich in den Delegationsdarwinismus einklinken könnte.

Fides quaerit intellectum

Suchanzeige des Vatikans im *Osservatore Romano*: »Glaube sucht Verstand.« Der Verstand zeigte sich überrascht und erfreut und antwortete umgehend, daß er als Sklave oder Diener der Fides nicht mehr zur Verfügung stehe, an eine Hetero-Partnerschaft wohl nicht gedacht sei, aber die Rolle als Chef und Vorstand würde er übernehmen. Eine Antwort blieb aus, der Verstand wartet seit Jahren.

»Ich bin stolz auf die Menschheit«. Außer mir hat diesen Satz niemand gehört; auf dem Münchener Flughafen sagte ihn die zwölfjährige Alice, als wir beim Umsteigen von Neapel nach Berlin in die lange Halle zwischen den Gates und dem Glanz der feinen Geschäfte kamen: »Ich bin stolz auf die Menschheit, die das alles kann«. Vielleicht habe ich mich bei dem »kann« verhört, aber nicht bei den anderen Worten, die sie genau so sagte. Warum? War es der gespürte Widerstand gegen die technischen Glanzleistungen dieser Menschheit mit der Erinnerung an das verlorene Moor und die Moorhühner? Alles in der Halle ist abgeschirmt gegen die Erde und den Acker, gegen Wetter und Unwetter; Menschheit pur ohne andere, die draußen noch ihr Unwesen treiben mit Schmutz und Regen und Kälte und Hitze und Hell und Dunkel – hier nicht, nicht mehr. Gleichgültig gegen den Stand der Sonne und die Tageszeit, die Jahreszeit, hier sind diese Zicken der Natur verschwunden, und gegen die äußere Bewegtheit ist die Ruhe der unaufgeregten Menschen getreten; einige warten an den Gates, andere gehen oder wandeln hinüber in die Geschäfte oder andere Abflugorte, Friede ohne alle Belästigungen. Laß die Kritik und halte diesen einen Satz fest: »Ich bin stolz auf die Menschheit.«

Moderne: Eine Gebrauchsanweisung

Wer kompetent und biegsam über die Moderne urteilen will und auf sofortigen Beifall Wert legt, der sage von ihr folgendes: Sie treibt den Menschen und die Künste in die Vereinzelung, sie trennt das Ganze in isolierte Stücke. Wichtig auch: »Es fällt alles auseinander«. »Gott ist tot.« Statt des lebendigen, beseelten Zusammenhangs herrscht der kalte Verstand, auch: die nur instrumentelle Vernunft, auch: die Technik. Alles ist jetzt Berechnung, Planung, Technik, Herrschaft – statt des unmittelbaren Miteinanders, statt der Sinnes- und Leibeserfahrung usw., vor allem: statt des unmittelbaren Lebens, des reinen und wahren. Man kann die Moderne mit dem Neolithikum (gegen die Neandertaler), mit dem homerischen Odysseus gegen den Mythos (Adorno), aber auch mit Platon (Heidegger), mit Dante (Schelling), mit der Schottischen Aufklärung (Buchanan) oder natürlich mit Nietzsche beginnen lassen, je nach Interesse und Bildung. »Nietzsche ist der erste moderne Mensch«; Nietzsche selbst sagte: »Sokrates ist der erste moderne Mensch.« Daß wir in zerrissenen Zeiten leben, ist jedem evident; es kommt nur darauf an, mit einem starken Hieb die Geschichte in zwei Teile zu zerlegen und der Moderne einen spektakulären, unwiderlegbaren Beginn zu verschaffen.

Was ist ein Kunstwerk?

Ein Kunstwerk ist ein menschliches Produkt (Vogelnester sind schon nicht zugelassen, auch nicht die schöne Landschaft), also ein menschliches Produkt, das erstens eine ästhetische Evidenz ausstrahlt und sich zweitens mit Erfolg in eine schon bestehende Kunstproduktion eingliedert, indem es sich innovativ mit ihr auseinandersetzt. Die kreative Auseinandersetzung mit der schon bestehenden Kunst (die diffus irgendwo und irgendwann begann) und also auch mit ihren Inhalten und Motiven gewährleistet die Welthaltigkeit des Kunstwerks, die eine am Werk orientierte Interpretation aufzudecken hat.

Und nun die Werke im einzelnen? Sie gehören zur Kunst, wenn sie evidenterweise und mit guten Gründen dazugehören oder mit Erfolg und guten Gründen vorgeschlagen werden. Andere Kriterien gibt es nicht; für Kenner sind sie außerordentlich scharf und glasklar und selbstverständlich elitär, der Laie dagegen sieht seine Provinzprodukte bestätigt. Wer ist Kenner, wer ist Laie?

Unmittelbar und prädikativ

Es gibt zwei mentale Schichten in uns, die unmittelbare und die prädikative. Die erste setzt auf sinnliche Eindrücke und deren gewaltige Fülle, auf das spontane Erleben und die Tiefe der Gefühle, auf den Moment und seine Impressionen usw.; die andere dagegen distanziert sich und dringt auf Erkenntnis in der Form eines Urteils, das entweder bejaht oder verneint. Der Elementarsatz, mit dem der Mensch aus einem Troglodyten zum Menschen wird, enthält ein Subjekt und ein Prädikat und zwingt zu der (dann frei genannten) Entscheidung, das Prädikat dem Subjekt zuzusprechen oder abzusprechen. Der prädikative Mensch prüft und sichtet, er erwägt kritisch, ob das, was uns beeindruckt, Phantom oder Wirklichkeit ist, ob die Fülle des Erlebens vielleicht marode und verfault ist, ob der Blick in die Ferne am Südseestrand wohl der Blick eines Kretins ist, ja oder nein.

Der Wohlstandsmarkt setzt auf das unmittelbare Spaßgefühl und findet dienstbare Heloten in allen Medien; sie meiden seit eh und je den kalten und blassen Verstand und preisen den Leib und den Reichtum der Stimmung und des Daseinsgefühls, des echten, unmittelbaren, ganz ikonisch, ganz atmosphärisch, ganz echt.

Die Reklame zielt auf die Dekonstruktion des prädikativen Menschen, um die firmenfördernde Unmittelbarkeit zu erzeugen: Überlaß dich der Gestimmtheit des Daseins, dem Erleben, in das wir dich versetzen, ist der Slogan, auf den alle Beteiligten sich einigen konnten. Zerstört die Macht der Kritik, vernichtet endlich die Verneinung und fühlt das unmittelbare Leben als solches.

Selbsterkenntnis II

Sie wird seit den Anfängen unserer Kultur gepriesen: »Erkenne dich selbst« ist die feinste Losung, die der menschliche Geist ersann, hieß es. Das Resultat ist bei näherer Betrachtung beschämend, denn das Selbst, auf das sich unsere Erkenntnis richtet, schrumpft in seiner Selbstbetrachtung zu einem Minimum an Selbstsein zusammen: Nur die höchst kurze Gegenwart wird vom Ich besetzt, alles andere sind Projektionen dieses zeitlichen Mini-Punktes. Es ist fast ein Nichts, das sich da über seine Ränder hinaus in die Vergangenheit alles Früheren hinauslehnt und das sich nach vorne, in die Zukunft, hinüberbeugt – in der Mitte, die wir als unser reales Selbst festhalten möchten, bleibt eigentlich zwischen Vergangenheit und Zukunft nichts, nichts, denn die real existierende Gegenwart des sog. Selbst oder Ich läßt sich ins Unendliche teilen und damit nihilisieren. Mit der Einsicht in diese Katastrophe beginnt die Suche, denn etwas mehr als nichts wird es geben müssen.

»Das Entscheidende ist, daß [...]«

Wer in kurzer Feier-Rede etwas zu Lessing, zu Arthur Schopenhauer oder Umberto Eco sagt und schreibt, verfährt am besten so, daß er einen selbstgewählten Punkt auf dem »globus intellectualis« zum eigentlichen, bisher nicht erkannten Mittelpunkt erklärt. Von diesem nach eigener Willkür deklarierten Zentrum läßt sich das komplizierte Werk des Autors ordnen und sortieren, etwa so: »Entscheidend in Lessings Werken sind nicht die gedankenreichen Argumente, nicht die vielfältigen historischen Erkenntnisse, der Idealismus, der Rhythmus seiner Sätze, das ausgewählte Vokabular, die innere Spannung seiner Theaterstücke, wie schon die Zeitgenossen meinten, nein, es ist zweifellos der nie beachtete Stil der *Nebensätze.* Nur in seinen wundervollen Nebensätzen kommt Lessing zu sich selbst, hier zeigt sich seine Prägnanz, die Schlegel so bewunderte und nicht zu verorten und nicht zu verstehen vermochte, hier liegt die eigentliche Kongruenz von Inhalt und Form: In den Nebensätzen! Und hierin ist Lessing der eigentliche Meister, selbst die Prosa Goethes in seinen mittleren Jahren ist Lessing unterlegen!« Von dem derart errichteten Feldherrnhügel auf der sonst homogenen Geistesfläche lassen sich harte Zensuren und Hiebe austeilen: Die gesamte Gegenwart kenne keine eigentliche Kritik mehr, alles sei ein Grau-in-Grau-Gerede ohne die Lessingsche Klarheit; man rede zwar von einer Streitkultur, aber es bleibe alles bei einem bloßen Beipflichtungsgeraune. Welch ein Meister war dagegen Lessing! Man lese endlich seine nie gewürdigten Nebensätze, um seine wahre Größe zu begreifen.

Minutenlanger Beifall ist dem Redner sicher, denn das Publikum spürt sofort, daß diese Festtagsrede unwiderlegbar ist, daß sie einen eigenwilligen Akzent gesetzt hat, der in alle künftigen Dissertationen zu Lessing eingehen wird: Die exorbitante Wichtigkeit seiner Nebensätze! Noch beim Buffet achtet jeder auf gepflegte Nebensätze.

Während die Menschen normalerweise ihr Sachwissen nach der Art der Jäger und Sammler, aber auch der Bauern und Kaufleute langsam sammeln, selbstkritisch auf Neues achten, um hinzuzulernen, sagen Philosophen am liebsten das *Wesentliche.* Ihre Ahnherren sind die Priester, die die Essenz von allem kennen, nichts hinzuzulernen brauchen, sondern ihr Wesenswissen in Bruchstücken verkünden. »Das Wesen der Aufklärung ist das Schaffott.« Auch Benjamin: »Das Wesen Neapels erfährt man nur in den engen Straßen.« Hilfreich sind auch Einzigkeitsbehauptungen, etwa: »Thomas Mann ist der einzige wirklich deutsche Schriftsteller.« »Mozart ist der letzte wirklich große Komponist.« »Hubert Burda ist der einzige unter den Lebenden, der das Wesen des Süddeutschen zum Ausdruck bringt.«

Mephisto

Er kam persönlich zur Konferenz und ließ nicht, wie sonst üblich, seine Erklärung von einem Pressesprecher verlesen. Außer den Delegierten waren die Medien angereist, ein großes Spektakel, und der Konzernchef genoß es sichtlich, wieder einmal im Mittelpunkt des Interesses zu stehen – elegant, alterslos, optimistisch, ein wahrhafter Global player. Mephisto zog positive Bilanz und skizzierte die nächsten Aufgaben. Die Bilanz war beeindruckend: Immer markanter bestimmte das Radikale, für die Feinde: das Böse, die Agenda der letzten Jahre; der feste unbedingte Glaube im Orient und im Okzident. Er konnte den gemeinsamen alten Feind, die Aufklärung, zurückdrängen und in weiten Regionen mit den Wurzeln herausreißen; nur die Laien unter den Journalisten wunderten sich über diese alte Allianz Mephistos mit den Religionen gegen den gemeinsamen Erzfeind, das selbständige Nachdenken. Mit PowerPoint zeigte er, wo die Aufklärung überhaupt noch gewollt und praktiziert wird, es gebe nur noch geringen Widerstand, aber auch dort nur ziellos, sporadisch, ohne Vision. Sodann das alte Schoßkind des Teufels, der Kapitalismus, jetzt zur globalen Supermacht gewachsen. Auf die Vermarktung des Lebens folge die Zertrümmerung der Aufklärung von selbst. Um die Versammlung nicht mit Statistiken zu langweiligen, ging er auf die eklatanten Erfolge seiner Strategie im Vorderen Orient ein und zeigte, wie er dort die Aufklärung listig oder brutal mit Koran und Testament hintertrieben hätte. Am Ende langer Applaus, alle hatten das Gefühl, dem Konzern der Zukunft anzugehören: »Mach mit« stand auf dem Spruchband der Abschlußsitzung.

Fortschritt III

Kein zivilisierter Mensch der zivilisierten Weltteile könnte einen Tag lang durch Städte der Antike, des Mittelalters und der beginnenden Neuzeit gehen, ohne vor Ekel und Übelkeit ohnmächtig zu werden, vielleicht auch tot umzufallen: Die beizenden Gerüche der Gerber und Fleischer, der Kloaken in den Gassen und Nebengassen, das bestialische Geschrei der gequälten Tiere und der geschlagenen Kinder; das Bellen der Hunde und die öffentlichen Hinrichtungen, das Brandmarken und Auspeitschen der Diebe, die Geburtswehen und das Todesgewimmer, das Flehen der Blinden und Bettler, der Anblick von Verkrüppelten und Geschundenen, das alles hielte man im Kopf nicht aus. Und auch: Eltern können mit ihren Kindern nicht spielen, schon die Kleidung ermöglicht es nicht, und dann das Ritual, als homo erectus aufrecht zu stehen: Kein Vater konnte mit seinen Kindern auf dem Boden herumtollen. Dann der erzwungene Glaube an etwas, was kein Mensch je verstanden hat und was sich dessen offen rühmt: »credo quia absurdum«. Die strenge Hierarchie von oben und unten mit Verachtung und kenntnisloser Demut, und der infantile Schöpfungsglaube, die Welt eine Scheibe, die Frau Sünde und die Neugier verboten.

Die Städte sind gereinigt, die Tiere verschwunden, die menschlichen Laute zum leisen Reden geläutert, jeder gehört sich selbst. Die Nächste bitte.

Brief aus Dubai vom 24. 12. 2014

Liebe Kika,
für Deine Grüße herzlichen Dank! Seit wir hier sind, geht alles glänzend. Die beiden Kliniken arbeiten eng zusammen, und es kommen die reichsten Menschen dieser Welt zu uns. Die Erneuerung der Körperorgane lassen wir vorangehen, sie wird meistens in kurzer Zeit vorgenommen und entfernt alle Gefahren der Krebserkrankung oder sonstiger Beschwerden;

auch das Blut wird gänzlich durch frisches ersetzt. Danach führt ein Psychologe Gespräche mit dem Patienten und läßt sich erzählen, welche Erinnerungen und welche Gedanken ihm lästig sind – die seltsamsten Sachen kommen da heraus: der eine erinnert sich ungern an die Familie, die er verlassen hat, der andere an irgendwelche Geschäfte, usw. Nach dieser psychologischen Sondierung kommt der Patient zu mir und wird einer genauen Gehirntomographie unterzogen. Wir verorten dann die Zonen der unangenehmen Erinnerungen und Gedanken und legen die korrespondierenden Synapsen still. Gerade vor einem Monat ist es unserem Psychologen gelungen, viele psychische Leiden, die unsere schlauen Patienten getrennt darstellten, zu einem Syndrom zu bündeln: Es war immer die unerfüllte Sehnsucht nach Anerkennung. Unsere Großmogule aus Chicago, Tokyo und Stuttgart leiden ganz infantil an der Sucht nach Anerkennung und dem noch tieferen Schmerz, wenn andere genannt und geehrt und anerkannt werden, sie aber nicht. Bis in die Träume verfolgt sie die Frage: Wo werde ich genannt, wer sieht meine Fotos, sieht mich wenigstens Gott – es ist die große Lebensfrage dieser erwachsenen Säuglings-Menschen. Tony Blair, der jetzt öffentlich vor dem Irakkrieg gebetet haben will, gestand hier bei mir: Er stimmte dem Verbrechen zu, um in der Geschichte genannt und in den USA anerkannt zu werden (bitte, das bleibt unter uns!). Nach dieser Seelenerkenntnis war es leicht, die betreffenden Hirnzellen und ihre Synapsen zu finden und operativ zu entfernen – die ganze kindische Anerkennungsgeschichte ist ein Seelenblinddarm, den die Natur ohne jede vernünftige Absicht im Menschen erzeugt hat. Bei den Eingriffen werden selbstverständlich gleich die kombinatorischen Fähigkeiten verstärkt, das läßt sich heute problemlos machen, auch die Aktivierung des Optimismus und des sittlichen Gefühls durch Intensivierung bestimmter neuronaler Verbindungen. Es ist unglaublich, wie entspannt und glücklich diese Menschen in ihre Länder und Berufe zurückkehren! Ihr Gang, ihre sichtbare Energie, ihr gelöstes Lächeln, ihr Selbstbewußtsein! Kein Alkohol-, kein Drogenproblem gibt es mehr, sie sind einfach high, und sie sind dankbar: Wie viele Anrufe und E-Mails erreichen uns täglich, stündlich!, in denen diese glücklichen Menschen ihren Dank für unser seelisches und körperliches Make-up ausdrücken. Sie schreiben, daß sie jetzt endlich Muße finden, James Joyce zu lesen und Beethoven zu hören, daß sie jetzt ihr wahres Selbst gefunden hätten und sich den Nöten anderer widmeten. Welche Qualen hätte sich die Menschheit erspart, wenn Moses nicht mit seinen zehn Geboten gekommen wäre, sondern mit einer genauen Anweisung, wie man Gehirnzellen oder ihre Verknüpfungen eliminiert! Warum baut man den Vatikan nicht um zu einer exzellenten Klinik, die die Menschen wirklich erneuert, homo novus oder wie das heißt.

Wie geht es in den alternden siechen Vereinigten Staaten von Nordamerika? Warum stellt Ihr nichts mehr auf die Beine? Habt Ihr Euch verausgabt? Nordamerikaner kommen übrigens kaum, die meisten aus dem Pazifischen Raum und aus China, neuerdings aus Brasilien und Venezuela. Putin war auch hier, aber das bleibt ebenfalls unter uns.

Manchmal verfolge ich, wie über uns in Europa diskutiert wird – es sind immer Nörgeleien von akademisch verbildeten Leuten, die sich plötzlich aus der Geschichte und dem Fortschritt zurücklügen möchten; wenn die Gene der Menschen endlich verbessert werden, dann wird auf der hohlen Redeweise herumgekaut, die späteren Menschen müßten mit uns, die wir ihre Gesundheit verbessern, auf gleicher Augenhöhe, also von uns nicht beeinflußt, diskutieren! Wie die Mönche, die Kopernikus und Galilei am liebsten verbrannt hätten. Es ist die Stunde des Menschen des Menschen! Wir kümmern uns um den Menschen als Selbsterzeugnis, nicht um überholte Natur- und Götterphantome!

Im übrigen muß ich sagen, daß wir weltweit ein großes Ansehen genießen, weil wir den Kunden klarmachen, daß es nicht auf die äußere Schönheit ankommt, sondern das Innere des Körpers und die Seele, und die Innerlichkeit steckt in uns Deutschen eben seit der Romantik. Daher bieten wir kein Styling des Gesichts und der äußeren Körper an, sondern beleben alles von innen.

Schreibe mir bitte aus der alten Welt, Deine L.

Widersprüche und Nichtsein

Die Vermutungen romantischer Dichter, aber auch von Hegel und Marx, daß die Wirklichkeit in sich widersprüchlich ist, konnten sowohl in der Mikrobiologie wie auch in der Astrophysik bestätigt werden. Endlich gelang es, die Widersprüche in bildgebenden Verfahren auf dem Bildschirm sichtbar zu machen. Nachdem die Medien darüber berichtet hatten, mehrten sich die Versuche, die neue Erkenntnis auch wieder auf die gesellschaftliche Wirklichkeit anzuwenden; dies gelang besonders gut in Kuba. Politiker riefen die Regierung der Insel dazu auf, die Widersprüche endlich zu beseitigen. Eine unbedeutende Fraktion von Wissenschaftlern beharrte störrisch darauf, die Wirklichkeit könne nicht widersprüchlich sein, und weder ein Widerspruch noch etwas, was nicht sei, lasse sich wahrnehmen. Viele Intellektuelle zweifelten öffentlich an ihrem Verstand – ein unerhörter Vorgang.

Niedergang und Langeweile

A.: Sie waren auf dem letzten Germanistenkongreß und wollen über ihn berichten, wie fällt Ihr Urteil aus?

B.: Negativ, negativ. Wenn man sich an die großen Auseinandersetzungen erinnert, die Marxisten gegen die Freudianer, dann die Diskurstheorie, die Strukturalisten und alles differenziert und zerfetzt von Derridas Leuten, lauter Höhepunkte. Und jetzt? Sorgen um den Erhalt der Fächer, am abwegigsten aber die Don Quijoterie in einer Sektion ohne jedes Publikum, in der Redner wie in früheren Jahrhunderten ihre Forschungsergebnisse vorstellten, eine Quellenanalyse von Heinrich Heine, Hölderlins Verhältnis zur griechischen Lyrik, der Aufbau von Gedichten Celans – als ob es Texte ohne Theorie gäbe und Interpretationen ohne Weltanschauung. Wo bleibt das Neue, das Ikonische, der Praxisbezug? Es gibt keine großen Debatten mehr.

Schrecklich

Lieber Herr B.,
jetzt fand das Treffen ohne Sie statt, schade und gut, oder umgekehrt, denn alles begann glücklich und endete schrecklich. Die RedakteurInnen und die BesitzerInnen der B-Zeitung sind die geistreichsten Leute von der Welt, hier ein Lessing-Zitat, dort eine Anspielung auf Rimbaud und Kafka, dann ein Witz aus New York gegen die Viererbande in Washington, allesamt Weinkenner noch des entlegensten Jahrgangs aus einem versteckten Rhônetal, also *hommes et femmes du monde et des lettres* mit gefestigtem Glauben und ausgeflippten Ferienplänen. Die Kinder in Eliteschulen in der Schweiz und Südengland. Ein Idiot, der vermutlich wegen einer Namensverwechslung eingeladen war, lenkte das Gespräch auf die B-Zeitung; anfangs konnte die Situation noch mit feinem Hohn gegen die Kritiken, die sich in Jahreszyklen wiederholen, gerettet werden, aber der Gast genoß es offensichtlich, daß er ein Tabu der eleganten Welt gebrochen hatte, er insistierte: Ob die Perfidien gegen hilflose Titelopfer und die tägliche obszöne Beschmutzung der ungebildeten Leser noch zu den Gentleman-Delikten gehörten, die die Guten und Reichen und Intellektuellen unter sich nicht weiter beachteten. Ich merkte, wie die Anwesenden die inneren Stahltore schlossen, die ihnen die Sicherheit geben, wenn die Kloake, die sie erzeugen, zurückgespült wird. Der falsche Gast begann Titel der letzten Wochen auswendig zu zitieren, einen nach dem anderen – etwas so Vulgäres hatte ich noch nie gehört. Wie war das möglich? Er fragte, ob man diesen Ausbund an Menschenverachtung und Verhöhnung sittlicher

Gefühle nicht zum Gegenstand strafrechtlicher Verfolgung machen könne.

Eine Redakteurin rief den Kellner, man bezahlte schweigend und entfernte sich mit versteinerten Minen. Gut, daß Sie nicht gekommen waren, etwas so Schreckliches. Schöne Grüße – Ihre C.

Papyrusfund

Ein in Pompeji gefundenes Papyrusblatt konnte mit Hilfe eines neuen Laserverfahrens fast vollständig entziffert werden; es handelt sich um einige Sätze aus einem Geschichtswerk, das kurz vor dem Vulkanausbruch offenbar von einem Griechen, aber auf Lateinisch in der Hauptstadt verfaßt wurde: »[…] folgte der Besuch eines jungen Königs aus dem Vorderen Asien, der dem Kaiser im Kapitol in Rom seine Reverenz erweisen und Geschenke überbringen wollte. Er war Anhänger einer der Philosophenschulen, die die Würde des Menschen kultivieren [*dignitatem hominis colunt*] und die Philanthropie [auf Griechisch geschrieben] lehren. In Unkenntnis der Sitten, wohlvertraut jedoch mit den Geschehnissen im Imperium, wies der König den Kaiser auf die vielen Verletzungen der Würde des Menschen und der Rechte innerhalb des Reiches hin. Dies aber verstößt gegen allen Anstand am Hof in Rom, der Kaiser war außer sich, die umstehenden Senatoren ergriffen den fremden Monarchen und stürzten ihn die Treppe des Weißen Kapitols hinab. Nach der nötigen Folter [*post torturam necessariam*] wurde er in einen Eisenkäfig mit wilden Tieren gesperrt, und der Kaiser selbst rief ihm aus der Ferne zu, jetzt möge er sehen, wie es um seine Würde bestellt sei. Das östliche Königreich wurde umgehend von römischen Truppen verwüstet; eine Delegation des Landes, die kniefällig in Rom Abbitte tun wollte, wurde nach der nötigen Folter auf eine Insel im Mittelmeer geschickt und dort in Eisenkäfigen festgehalten. Alle Senatoren stimmen dem Kaiser wegen der Notwendigkeit [*propter necessitatem*] des Imperiums zu, das Volk jedoch nimmt keinen Anteil, sondern delektiert sich an Brot und Spielen [*gaudet pane et circensibus*]. Die Philosophen des Ostens sind erschrocken über den Unterschied von Hellenen und Barbaren und den Zusammenstoß ihrer Zivilisationen.« Der Fund wird in Kürze in Fachzeitschriften veröffentlicht und kommentiert werden. Nach anderen Texten habe der Kaiser betont, man wolle derartige Maßnahmen in Zukunft einstellen, aber erst, wenn die Notwendigkeit sie nicht mehr gebiete.

Wir etwa nicht?

Auf die Niederlande und Massachusetts und andere fortgeschrittene Staaten, auch deutsche Hansestädte und Kirchen rollt eine gewaltige Prozeßwelle zu, die von den Medien verschwiegen wird. Homo- und heterosexuelle Gruppen erheben Einspruch dagegen, daß ihnen das Eherecht verweigert wird. Das Monopol der Paar-Ehe, behaupten sie, könne nur auf die veraltete zweigeschlechtliche Zeugungs-Beziehung angewendet werden, denn zum natürlich-traditionellen Kinderzeugen seien *eine* Frau und *ein* Mann die *notwendige* und *hinreichende* Bedingung gewesen, wie auch international anerkannte japanische Wissenschaftler bestätigt hätten. Bei modernen Beziehungen falle dieses atavistische Argument für die Monogamie jedoch fort, und damit dürfe die Zahl der Ehepartner nicht mehr durch staatliche und kirchliche Gewaltmaßnahmen auf *zwei* Personen beschränkt werden. Steuerfragen und Rentenansprüche ließen sich leicht in Analogie zur bestehenden Gesetzgebung auf Gruppen selbst von zwanzig oder auch mehr Partnerinnen oder Partnern anwenden.

Die protestantischen Kirchen bedauerten aufrichtig ihre Versäumnisse und wollen sich jetzt für die gleichgeschlechtlichen, aber auch heterosexuellen Gruppenehen einsetzen, ohne die Anzahl der Ehepartner noch bürokratisch festzulegen. Auch die Finanzämter signalisierten Einverständnis und steuerliche Erleichterungen: »Das läßt sich machen.«

Der Staat

»Der freiheitliche, säkularisierte Staat lebt von Voraussetzungen, die er selbst nicht garantieren kann.« So lautet der meistzitierte Satz von Ernst-Wolfgang Böckenförde. Davor steht: »So stellt sich die Frage nach den bindenden Kräften von neuem und in ihrem eigentlichen Kern.« Der vor-säkularisierte Staat hatte diese Bindekräfte im kirchlich verfaßten Glauben, und seit dem Geständnis des Staats, eben dieser fehle ihm, klafft nach Böckenförde in den Voraussetzungen des Lebens des Staats eine Garantielücke, alles »im eigentlichen Kern«. Die nähere Reflexion führt in zwei Richtungen. Einmal konnte der Glaubensstaat essentielle Voraussetzungen, von denen er lebte, nicht garantieren. Karl V. konnte bei den immensen Krediten, die ihm das Finanzhaus Fugger gewährte, nicht garantieren, daß er die Schulden zurückzahlen würde – die Absetzung des Kaisers, das Auswuchern des Protestantismus, das Ende des Goldraubs in Südamerika, sie hätten alle schriftlichen Garantien vom Tisch gefegt. Zum anderen ist die Aussage in ihrem Kontext verfassungswidrig: Der säkularisierte Staat kann seine Bindekräfte nicht mehr vom Glauben ausleihen, sondern soll sie selbst herstellen; die Schulen und die Hochschulen, die Aufklärung in Permanenz, die Freisetzung kultureller Kräfte bis in jeden kargen Winkel der Republik, die öffentliche Reflexion über die Republik, die Funktion der Parteien und die Erhitzung der Gemüter über mangelnde Gerechtigkeit: »Der freiheitliche, säkularisierte Staat lebt von Voraussetzungen, die er selbst erstellen und – im Rahmen des irdisch Möglichen – garantieren muß.« Die Kultur der paganen Vernunft zielt nicht auf pure Lust (»eudaimonistische Erwartungen«), sondern auf von Lust begleitete Selbstverwirklichung; die praktizierte Mündigkeit der Bürger ist wiederum eine Voraussetzung der Demokratie und daher höchstes Staatsziel, auch da, wo der Staat die politische Kultur der Zivilgesellschaft, die ihn ermöglicht, nur stimulieren kann.

Warum nicht?

Warum gab es nach und neben dem Wirtschaftswunder in der Bundesrepublik der fünfziger Jahre nicht ein Geistes- oder Bildungswunder? Man denke an die Möglichkeit, daß alle Bundesbürger Bildungskurse besuchen; die Volkshochschulen sind überfüllt, alle, die Arbeiter und Bauern, die Angestellten und Germanisten, die Politiker, die Putzleute und Pädagogen, alle treffen sich zur gemeinsamen Lektüre der Verfassung der Bundesrepublik, aber auch der *Nikomachischen Ethik* von Aristoteles und Kants *Rechtslehre*, des *Kapitals* von Marx, sie diskutieren abends über Fragen der Ethik und Politik in der Gegenwart und Vergangenheit. Die neue Nation bildet ein einziges Forum der Selbstaufklärung. Was heißt genau »Schuld«? Und »Kollektivschuld«? Wozu sind wir bestimmt? Mit fundiertem Urteil wird über den Unterschied zur DDR, über die Bauweise des neuen Rathauses, über die öffentlichen Bäder, das unnötige warme Duschen und die unzähligen Schulen gesprochen. Die musische Erziehung wird zur Grundlage und zur dauernden Begleitung aller Bildung für alle. Die Probleme der Erziehung sind Gegenstand der Gespräche in den Bussen und in den Geschäften. Jeder kennt die Kosten und die Folgekosten der öffentlichen Institutionen; Schulden verbietet die Verfassung. Alle wissen: Die bedeutenden Bauwerke der Geschichte überdauern Jahrhunderte und Jahrtausende, nur dann lohnt sich die Investition. Kein Gebäude einer Stadt ist größer und teurer als die Vorschulen und Schulen und Universitäten, weder die Banken noch die Hotels – Luxus gibt es nur in den Palästen, in denen gespielt, geforscht und gelehrt und von der Kindheit bis zum Alter gelernt wird. Niemand hat eine Chance in der Hierarchie der Politik, der nicht auf dem Niveau der Bürger zu denken und zu argumentieren versteht. Jeder muß seine Ansichten in guter Rede darlegen und begründen, sonst wird er ausgelacht. Wo gewartet wird, wird rezitiert, mit Kenntnis und Witz und Rede und Gegenrede und viel Gelächter. Alle finden Arbeit und Auskommen; ein notorischer Depp wird spaßeshalber Nachtwächter, denn unnütz soll keiner sein oder sich fühlen. Man behält Kapitalismus und Geldwirtschaft bei, die gesamte Republik hat jedoch nur eine Bank und ein gemeinsames Konto, auf das das erwirtschaftete Sozialprodukt eingezahlt und von dem die Regierung, die Kommunen und die Privatbürger je nach ihren Bedürfnissen Geld abheben können. Übertriebene Ausgaben von Privatleuten werden nur bei Hochzeitsreisen festgestellt und stillschweigend geduldet. Die Kirchen müssen das Land verlassen, wenn sie die Sittlichkeit von einer Offenbarung abhängig machen. Die Justiz ist milde und gerecht. Hitleranhänger verließen fluchtartig das Land; Kinderschänder wurden nach Verkündung des Urteils sogleich lebendig begraben.

Besucher priesen die Gerechtigkeit, die Freiheit und Gleichheit. Aber die Diskussionen um die besten Schulgebäude wurden steril, der Musik fehlte der körperliche Kick, die Tugend-Tage verödeten, und die Jugend verließ das Land in Scharen, gerade die Besten. Was war falsch, was nur?

Das Böse im Großen

Adept: »Wie, Meister, läßt sich das großflächig Böse erklären? Nicht die kleine Schäbigkeit, die grausame Mißhandlung eines einzelnen Tieres oder Menschen, der Mord des Nachbarkindes, sondern das historisch raumgreifende Böse?«

Weiser: »Sehr gut schon einmal die Trennung, denn der großflächig Böse fällt häufig in Ohnmacht, wenn er Blut sieht und Schreie hört; im Nahbereich ist er herzensgut, er streichelt Kinder und Hunde. Umgekehrt ist der Nachbarböse ganz borniert auf das Handgreifliche, er würgt und würgt mit eigenen Händen. Aber der großflächig Böse – das schreibe auf – stützt sich immer auf allgemeine Gedanken und Bücher: Auf die Werke von Marx und Lenin, auf rassistische Pamphlete, auf die Bibel, auf die Idee, selbst auf die Idee von *democracy* und *liberty*. Die Schriften geben seiner mäßigen und dumpfen, aber extrovertierten und eitlen Seele die eigentliche Weite, mit dem Wort, das er gläubig hört oder liest, trumpft er auf und sieht sich allen Nichtkennern und Nichtlesern unendlich überlegen. Seine ausgewählten Bücher, der Koran, das Buch der Bücher, das Neue Testament, Nietzsches Übermensch, sie stiften seine geistige Identität und geben seinen Anschauungen die Wucht des Glaubens, den andere mitglauben müssen, weil ihnen das geistige Rüstzeug zu Kritik und Zweifel und zum Nein fehlt. Der Gedanken- und Buchböse teilt nach dem, was er gehört und gelesen und verinnerlicht hat, die Welt eigenmächtig in Gut und Böse: Hier die eine Achse, dort die andere; gottgläubig und naiv stellt sich der Böse im Großen, unser Schriftböser, auf die gute Seite, unfähig, über die Seitenwahl zu reflektieren. Die pervertierten Gedanken besetzen bei ihm die Domänen von Recht und Sittlichkeit – nicht die Vernunft entscheidet, was recht und billig und unrecht und böse ist, sondern einzig der geglaubte Gedanke und das Buch, das sein Gift aus Worten in die Seele des tumben Gläubigen träufelt. Der Blutböse, der selbst erschlägt, der eigenhändig Unterschriften fälscht, verehrt den Gedanken- und Buchbösen, den er nicht durchschaut; der Buchböse verachtet dagegen den Selbsttäter, ohne zu merken, daß es sein Spiegelbild *en miniature* ist. Der kleine Lump auf eigene Faust behält sein Gewissen, das ihn plagt; der Glaubensböse aber ist gewissenlos und weiß sich bis zum letzten Atemzug auf der richtigen Seite.

Bedenke auch Folgendes. Zu den schlimmsten Verbrechen der neueren Zeit gehört die Tortur und Ermordung vieler Millionen Juden, einfach so, scheinbar. Man gibt den monströsen einzelnen Taten den dunklen Sammelnamen des Holocaust (was heißt das: Holocaust? Schon das Nichtwissen brütet über neuem Unheil) Wie war der Holocaust möglich? Nicht aus dem Stand weniger Jahre, das schafft kein noch so zivilisiertes Volk, es bedarf einer langen gelehrten und subtilen Vorarbeit durch die Buchbösen, es bedurfte der Predigt Sonntag um Sonntag, Jahr um Jahr durch fast zwei Jahrtausende gegen die Juden, bis endlich die Blutbösen alles in die

Tat umsetzten und das Werk der Buchbösen vollendeten. So freilich werden die Frommen das Entsetzliche nicht erklären, sondern vom Bösen überhaupt und im allgemeinen reden, jetzt und in Ewigkeit. Merke: Die Rede von »dem« Bösen blockiert die genaue Nachfrage im einzelnen.

Natürlich ist damit das Thema nicht erschöpft, aber die Richtung des Nachdenkens könnte richtig sein.«

Einladung

Wie erst jetzt bekannt wurde, hat das irakische Parlament Anfang April 2006 beschlossen, die Hauptbefreier des Landes, Bush und Blair und ihre verantwortlichen Minister, zu einem vierwöchigen Sommeraufenthalt in Bagdad einzuladen. Der Staat wollte die Kosten für die Hotels im Zentrum der Stadt übernehmen, garantierte auch das tägliche Duschen bei ca. 50 Grad Celsius im Schatten und einige andere, an sich schon unmögliche Zusagen des täglichen Stroms und der ausreichenden Nahrung. Böswillige Gegner der Regierenden berichten, man habe sich in Washington und London (in Blairs protokatholischer Phase) fast totgelacht über die Einladung; seriösere Organe behaupten, die Einladungen seien im Vorfeld abgefangen und vernichtet worden.

P.S. Der Premier kam wie ein zweiter Tamerlan tatsächlich, er ließ sich im Präsidentenzimmer in Bagdad filmen; die Leichenberge in der Stadt blieben unsichtbar. Die Litanei: Der Überfall war ein Segen. Nach wenigen Minuten der Rückflug. Kein lähmendes Entsetzen in den Medien, sondern: Die neuen Superstars, der Klima- und der Wetterbericht, die Kurse.

Asymmetrische Kriege

Klassisch: Ein Staat erklärt einem anderen Staat den symmetrischen Krieg, marschiert über die Grenze in das fremde Land und verspricht den eigenen Soldaten, daß sie im August resp. bis Weihnachten wieder zu Hause sein werden.

Asymmetrische Kriege: Die Römer reinigten das östliche Mittelmeer in wenigen Monaten von Piraten, die die Seewege unsicher machten. Die europäischen Einwanderer reinigten Nordamerika von den Ureinwohnern ohne die katholischen Skrupel und die Bedenken der Spanier in Mittel- und Südamerika.

Der gegenwärtige asymmetrische Krieg ist durch zwei Faktoren dazu verdammt, grenzenlos zu werden: Erstens sieht die potente Weltöffentlichkeit zu und verurteilt die Flächenausmerzung (so konnten die Israelis die Palästinenser nicht kurzerhand ausrotten, als sie ihr Land besetzten), und zweitens tragen die Ersteinwohner-Piraten-Terroristen verheerende Waffen in ihren Einkaufs- oder Hosentaschen mit sich, zutiefst gläubige, gedopte Analphabeten, deren Familien nach dem schnellen Tod 2000 Dollar erhalten und ein Jahr überleben können – »dulce est mori ›Pro familia‹«. Die Asymmetrie besteht jetzt zwischen der politisch eingehegten und behinderten staatlichen Macht und der räumlich-zeitlich infiniten Verheerung, die die infinit vielen außerstaatlichen Gegner in ihren Taschen tragen, diesseits und jenseits der Grenze. Der mächtigste Plutokrat der Welt, der grenzenlose Tor, traf unter den Einflüsterungen das Richtige: Er wolle den Krieg gegen das Böse führen. Genau das ist es: Das Böse ist das rechtlich Unbestimmte, das Infinite, die kleine bewegliche Gang gegen den einen Goliath in unendlicher Gegenmacht. Der tumbe Goliath vermehrt in dieser Geschichte seine Gegner, als wäre er ihr bester Freund. Dann trifft ihn der Stein aus der Kinderschleuder.

Menschen gegen *Minen* gegen Menschen

Es ist ein eingetragener Verein, »MgM, e.V.«, »Menschen gegen Minen«. Die »Menschen für Minen« haben sich dagegen noch nicht in einem Verein (»MfM, e.V.«) zusammengetan, obwohl sie zahlungsfähige Vereinsmitglieder in aller Welt fänden. Wie viele Kinder sind am 11. September 2001 in New York umgekommen? Wie viele Kinder wurden am selben Tag durch versteckte Minen in die Luft gesprengt, Arme oder Beine und Köpfe zerrissen? Warum nötigt die UNO nicht die aufgespürten Minenproduzenten und -händler und ihre Befürworter in den Regierungen, über ein Minenfeld zu spazieren, vor den versammelten Fernsehanstalten aus aller Welt? Zu zeigen ist sowohl ihr Gesichtsausdruck wie auch die Haltung ihres Körpers im Moment der Detonation, auch kurz danach, falls noch möglich.

Leviathan contra UNO

Um die Keilschrift der Politik zu dechiffrieren und in ein vertrautes Alphabet zu übertragen, ist es günstig, sich einiger Lesehilfen aus dem 17. und 18. Jahrhundert zu bedienen. Auf der einen Seite steht der Koloß des absolutistischen Staats, der Hobbessche *Leviathan* (1651), der den anderen Staaten in der gebückten Haltung des Gladiators begegnet, der Angriffe antizipiert und keinen Gott anerkennt außer den der eigenen Stärke, den er nebulös für »God almighty« hält; auf der anderen Seite die vielen Vorschläge besonders im 18. Jahrhundert, die Staaten aus dem Natur- und Gladiatorenzustand in den Rechtszustand eines Völkerbundes und internationalen Dauerkongresses zu überführen. Es war der Weg vom Absolutismus der einäugigen Polypheme zum Republikanismus der vernünftigen Einbindung aller in eine friedliche Staatengemeinschaft. Zugleich war es der Weg von der Politik der Leidenschaft, des Hasses und der Wut der Paläste zur wohlkalkulierten Interessenpolitik. Der Begriff des

Interesses ersetzt im 18. Jahrhundert allmählich den der »passions« der Despoten. Die Politik der kalkulierten Interessen macht Freunde und Feinde berechenbar; es läßt sich zeigen, daß das wohlverstandende Interesse auch des mächtigsten der einäugigen Giganten langfristig in der gemeinsamen Friedenspolitik besteht. Der Leviathanismus ist zur Durchsetzung seiner »power after power«-Politik auf Angst angewiesen, er muß Angst schüren und erhalten; der föderative Republikanismus dagegen braucht, wie John Locke sagt, »trust«, gut fundiertes Vertrauen. Wir erleben das kaum noch für möglich gehaltene Schauspiel der Regression eines Staats in die Politikform des Hobbesschen Absolutismus, nicht in einer Diktatur, sondern in einer demokratisch ausgelegten Plutokratie, die ihre eigenen Interessen verkennt und Krieg will, damit die Reichen reicher werden und das Volk jegliche Bildung verliert.

Terror

»Und von wem wurden die Häuser zerstört und die Dorfbewohner getötet, 13 Kinder unter ihnen?«

»Die Helikopter und Flugzeuge kamen aus der Wüste und danach die Panzer von dort.«

»Ach so! Und da wurde in der Hauptstadt und in den Nachrichten gesagt, es hätte sich um Terroristen gehandelt!«

»Natürlich.«

Das Wissen des Joachim Fest

Joachim Fest (1926–2006) hat eine Biographie des Architekten von Adolf Hitler, Albert Speer (1905–1981), geschrieben. Speer gehörte zum engsten Kreis um den Führer, er hat jüdischen Besitz in Berlin enteignet, Pläne von Konzentrationslagern entworfen und die Gelder für deren Bau bewilligt; er hat nach eigenem Bekunden am Morgen und wieder am Abend an der Wannsee-Konferenz (20. Januar 1942) teilgenommen. Er hat den Nürnberger Richtern versichert, an der Judenvernichtung nicht beteiligt gewesen zu sein, gegenüber Joachim Fest beteuerte er wiederholt, nichts von ihr gewußt zu haben. Inzwischen ist seine Teilnahme an der gesamten Wannsee-Konferenz gut dokumentiert, Speer wußte alles, übrigens schon durch das leicht dechiffrierbare Protokoll. Wie ist es möglich, daß Joachim Fest einem hochkarätigen Verbrecher in der zentralen Frage seines Mitwissens Glauben schenkt? Natürlich mußte Fest in einer verborgenen Falte seiner Seele wissen, daß Speer ihn hinters Licht führte; aber wir können heute seinen Behauptungen trauen, er habe Speer nie nachweisen können, von der Judenvernichtung gewußt zu haben. Im Zweifel für den Angeklagten. Aber Fest fand in den Dokumenten, daß der ihm gegenübersitzende elegante Speer, gut aussehend wie er selbst, inzwischen reicher Villenbesitzer wie er selbst, eine skrupellose Canaille war – warum zog er nicht den Schluß jedes unbeteiligten Menschen, daß Speer natürlich Kenntnis hatte von der Judenvernichtung, aber mit allen Mitteln versuchen mußte, sein Wissen zu verbergen? Weiß der Bauer, der das Vieh an das Tor des Schlachthofes treibt, nicht, was mit ihm geschieht? Wie konnte der hellwache Speer ihm gegenüber vorgeben, genau in diesem Punkt 1942 alle natürliche Neugier, alles Wissenwollen unterbunden zu haben? Was machte Fest zu einem Beteiligten der Verdeckung, zu einem Bürger, der am Nichtwissen Speers selbst interessiert war und deswegen in alter Kumpanei der offensichtlichen Lüge glaubte, statt sie mit einem Federstrich zu demaskieren?

Aber die weitere Frage ist: Wann läßt die Gesellschaft ein Mitglied erbarmungslos fallen? »Jerusalem ist hier nicht erwünscht«, damit fegten deutsche Bürger jüdische Familien vom Ferienstrand. Speer kannte genau den Abgrund, in den man ihn stoßen würde. Wenn sein Komplizentum bei der Judenvernichtung bekannt würde – dann müßte man den eleganten reichen Mitbürger von sich stoßen. Joachim Fest wollte es nicht wissen.

Mein Freund

Hanns Martin Schleyer (1915–1977) »war ein deutscher Manager und Wirtschaftsfunktionär. Durch seine nationalsozialistische Vergangenheit und seine Rolle als Arbeitgeberpräsident war er in besonderem Maße der Kritik durch die deutsche Studentenbewegung der 1960er Jahre ausgesetzt.« Man lese die Biographie des Mannes und die gut dokumentierte Übererfüllung aller nationalsozialistischen Normen. Bekennender SS-Mann ab 1933 ohne Widerruf; Schleyer betrieb in Prag die Arisierung der böhmischen Industrie, rücksichtslos, überkonsequent. Er wurde 1977 von hirnverbrannten Linken ermordet. Diese Tat und die Erinnerung an sie im Jahre 2007 führt die deutschen Politiker, die Schleyer einmal aus der Ferne sehen durften, zur kuriosen Ergebenheit: »Mein Freund Hanns Martin Schleyer.«

Pol Pot; Alice

Pol Pot: »Was nicht falsch sein kann, das kann auch nicht wahr sein!«

Philosoph: »Stimmt das?«

Pol Pot: »Stimmt das? Welch unverschämte Frage! Notwendig stimmt das! So off with it! Kopf ab!«

Alice: »Nein! Der Kopf bleibt! Es ist wahr und falsch, man muß nur richtig unterscheiden. Es ist wahr in formaler Hinsicht, denn jedes Urteil ist unabhängig von seinem Inhalt wahr oder falsch. Es ist falsch in inhaltlicher Hinsicht, denn die genannte Regel über das Wahr- oder Falschsein kann nicht selber falsch sein.« Danksagung fast aller Abgeordneten an Alice.

A und B

»A sei die notwendige und hinreichende Bedingung von B; ist dann auch B die notwendige und hinreichende Bedingung von A?« Bewege dich bei dieser Frage nicht sofort in die falsche Richtung, wie gute Freunde es taten, denke nach, ein oder zwei Reisestationen, und gib dann keine abwegige Antwort.

Zwei Punkte

Zwischen zwei Punkten gibt es nur eine gerade Linie. Und wo sind die Punkte? Im Raum, wo sonst. Aber dann ist alles verloren, denn alles, was im Raum ist, läßt sich ins Unendliche teilen, und daraus folgt: Zwischen zwei Punkten gibt es unendlich viele gerade Linien. Die Raumpunkte haben ein Oben und Unten und Vorne und Hinten, kein gutes Omen für etwas, das als Punkt unteilbar sein sollte und bei Licht besehen eine Kugel ist.

Kunst-Liebe

Homer, der größte Dichter und Rhapsode aller Zeiten, trug Verse seiner *Ilias* und *Odyssee* als Wandersänger in Kleinasien vor. Bei einer gutbesuchten Darbietung gab es plötzlich ein Glockenzeichen, das die Teilnehmer zu einem Fischessen rief, von dem man Homer nichts gesagt hatte. Ein einziger Hörer blieb auf seinem Platz; der Sänger setzte ihm zuliebe seinen epischen Gesang fort, und als er endete, lobte er die Aufmerksamkeit und die Kenntnisse dieses einzigen Hörers. Ein Sklave korrigierte ihn: »Er blieb, großer Dichter, hier sitzen, weil er taub ist. Er hat weder die Tischglocke noch Euern Gesang gehört!«

Eine Theateraufführung in einem der vielen Theater in London um 1750. Plötzlich rief jemand in den Zuschauerraum hinein: »Draußen wird einer aufgehängt!« Das Theater leerte sich sofort.

Bewegung

Etwas in Bewegung zu bringen, ist ein Gütezeichen erster Klasse. Endlich geraten die Dinge in Bewegung. Linke und rechte Parteien nannten und nennen sich schlicht »Bewegung«; »Il movimento« war die Bewegung Mussolinis, »Non dobbiamo mai sederci« (Wir dürfen uns nie niedersetzen). »Sittlich ist es, daß Bewegung herrscht. Intensität [...] Wir leben erst aus unseren Katastrophen.« (L. Rubiner 1912) »Unter dem Bann von Heideggers existentialer Analytik der Zeit hat man meist übersehen, daß diese in einer entsprechenden Analytik des Raumes verankert ist, so wie beide wieder in einer existentialen Analytik der Bewegung gründen.« (P. Sloterdijk) Anregend absurd.

»Berlin bewegen« (2004). Die beiden großen Bewegungszeitzeichen waren seit ihrer Erfindung das Auto und das Kino, beides nach der Bewegung benannt, das Auto: (auto) *mobile*, und das Kino: *kinema*, dort die Bewegung des menschlichen Subjekts, hier die *movies*, die Bewegung seiner auserwählten Objekte. Selbst der Raum kommt in der Relativitätstheorie nicht mehr zur Ruhe, sondern hat die Zeit in sich aufgenommen. In der Politik war einst die Bewegung verpönt, sie wurde als gefährlich und zerstörerisch eingeschätzt, *movere*, *mobile*, Mob. Die positive Bewertung stammt aus der Aufklärung, in der z. B. orientalische Regierungen dafür kritisiert werden, daß sie sich nicht verändern – in der Antike und im Mittelalter wäre dies ein großes Lob gewesen. Endgültig gerät alles, fast alles, in der Romantik in Bewegung.

Sich bewegen

Im geöffneten Fenster des Nachbarhauses steht eine Zimmerpalme. Es weht ein leichter Wind. Die Blätter der Pflanze bewegen sich, manchmal wiegend, plötzlich in einem heftigen, dann abflauenden Wirbel. Ich glaube zu sehen, wie der Windstoß die Zimmerpalme erfaßt und die Blätter in die kreisende Bewegung setzt. Oder bewegen sich die Blätter von selbst? Nicht der Wind, sondern die Pflanze selbst setzt das Schauspiel in Gang; sie zuckt nervös auf, sie beruhigt sich plötzlich, steht still und kehrt dann langsam zu dem Hin- und Herwiegen ihrer Blätter zurück. Sie hält wieder ein, nachdenklich, immer noch, und jetzt beginnt sie fast theatralisch wieder die tanzende Bewegung.

Aber dann hört die Narretei auf, ich sehe wieder, wie der Wind die Blätter bewegt.

Schön häßlich

In Kreta gab es schon vor den Zeiten Homers Schönheitswettbewerbe; im Mittelalter folgten nördlich der monströsen, kältestarrenden Alpen Wettbewerbe der Häßlichkeit, fortgesetzt in London im 18. Jahrhundert, getrennt für Männer und Frauen; dort erschien auch die erste Monographie über das Häßliche von einem gewissen Hay, William Hay, selbst einschlägig verwachsen und formlos. Es ist nicht zu bezweifeln: Bei beiden Schaustellungen würden wir Postmodernen und Postmetaphysiker nicht anders als die Zeitgenossen entscheiden, hier die Schönen, dort die Häßlichen, und unter ihnen die ungefähr gleiche Rangfolge. Ein Unterschied bestünde für die Mitteleuropäer: Sie würden auf einer Zeitreise ins Mittelalter die Häßlichen nicht öffentlich verhöhnen und erniedrigen; eben das gehörte jedoch zu den Belustigungen der Wettbewerbe nördlich der Alpen. Vielleicht gibt es deswegen keine öffentlichen Wettbewerbe der Häßlichen mehr, sondern nur das klamme, heimliche Mobbing.

So finden wir einen ästhetischen Gemeinsinn im Zentrum aller Schönheits- und Häßlichkeitsurteile, der Beurteilung des Menschen, von Nofretete bis heute, eine soziale Einigung ohne Sprache? Dieser übergreifende Konsens wird sogar über die Beurteilung der Menschen hinausgehen und Tiere und Landschaften und Geräte und Bauten umfassen. Im Moralischen ist der Konsens prekärer, aber immerhin: zu allen Zeiten und in allen Völkern wird Großmut hoch geschätzt, das Mittel mag ruhig eine harmlose Lüge sein. Das Schäbig-Kleinliche wird verachtet, weltweit, von Anfang an. Und dann ist die Dankbarkeit zu allen Zeiten bei allen Völkern angesehen.

Der Böse, das Böse

Es soll sich so abgespielt haben, daß der Böse, Old Nick aus dem Vorderen Orient, eines Tages merkte, daß die Zahl der Menschen, die an ihn glaubten, wieder einmal abnahm, d. h., keiner wollte mehr in der Tiefe seiner Seele wirklich an das Feuer in der Unterwelt glauben, keiner hielt den Satan mit Schwanz und Teufelsfuß für einen Herrn, der leibt und lebt und werktätig aus der Höllengrube gegen Gott und die Welt agiert. Sein oder Nichtsein – Ein studierter Unterteufel kam auf die Idee, den Leibhaftigen aus dem Rampenlicht zu nehmen und statt dessen den abstrakten Begriff »das Böse« zu lancieren. Einfach und sachlich »das Böse«, das es so sicher geben solle wie das Heilige, das Politische, das Offene, das Rohe und das Gekochte, gelehrt und unauffällig, aber um so mächtiger. Alle Gläubigen sublimierten daraufhin ihren antiquierten Teufelsglauben hinauf zum Glauben an *das* Böse, und es gab unzählige Publikationen und überquellende Bibliotheken über die Frage, wie sich eigentlich »das Böse« konkret manifestiere, aber auch, ob es denn das Böse gebe, einfach so und ohne *den* Bösen. Dem Leibhaftigen gelang wieder einmal, seine Macht zu erhalten und zu verhindern, daß die Menschen ihr passendes und unpassendes Verhalten und

Fehlverhalten nüchtern als Resultat der vielen natürlichen Komponenten analysierten und zu verbessern suchten: angeborener Charakter, das Temperament, das Naturell, die Affekte und Neigungen, die Freiheit und die günstigen und ungünstigen Umstände der Kindheit und Jugend, der Grad der allgemeinen globalen Überforderung, die Phantomwerte der Marktgesellschaft, das Problem der Identitätsfindung.

Das freie Nachdenken war fassungslos.

Sicher

»Im unendlichen Raum zahllose leuchtende Kugeln, um jede von welchen etwa ein Dutzend kleinerer, beleuchteter sich wälzt, die inwendig heiß, mit erstarrter, kalter Rinde überzogen sind, auf der ein Schimmelüberzug lebende und erkennende Wesen erzeugt hat; dies ist die empirische Wahrheit, das Reale, die Welt.« So Arthur Schopenhauer zu Beginn des 2. Bandes seines Hauptwerks, *Die Welt als Wille und Vorstellung* (von 1818). Nietzsche plagiierte Schopenhauers Anfangssätze in der Abhandlung »Über Wahrheit und Lüge im außermoralischen Sinn« und trug so zur Verbreitung dieser Weltauffassung bei: »In irgend einem abgelegenen Winkel des in zahllosen Sonnensystemen ausgegossenen Weltalls gab es einmal ein Gestirn, auf dem kluge Thiere das Erkennen erfanden. Es war die hochmütigste und verlogenste Minute der ›Weltgeschichte‹: aber doch nur eine Minute. Nach wenigen Athemzügen der Natur erstarrte das Gestirn, und die klugen Thiere mußten sterben.« Ohne die rhetorische Einschmeichelung gibt Willard Van Orman Quine dieselbe Meinung kund: »Die Physik erforscht die wesentliche Natur der Welt, und die Biologie beschreibt einen ortsspezifischen Auswuchs. Es ist erstaunlich und zudem eine Sache der die Zeitalter durchlaufenden philosophischen Verwirrung, daß man meint, einige beschränkte Sinnesreaktionen und Denkprozesse in dem Auswuchse eines Auswuchses stünden auf der gleichen Ebene wie die Aufgabe des Physikers, die wesentliche Natur der Welt zu erfassen.« »Natur der Welt« – wie kommt die Welt zu einer Natur? Welt und Natur – Phantasmagorien in den neuronalen Netzen der Physiker? Sind die Netze verknüpft, weil die Physiker sie als verknüpft erkennen, oder erkennen die Physiker sie so, weil sie verknüpft sind? Aber wie ist die Differenz der Physiker und ihrer Gehirne möglich? Vielleicht die Differenz von Denken und Sein? Also kehren wir zu Parmenides zurück und buchstabieren die Lektion noch einmal als Spätlerner unter den Philosophen.

Eine kurze Meditationspause vor dem Weiterlesen.

Denken und Sprechen, immer noch Descartes

Arthur Danto beginnt seine *Analytische Philosophie der Geschichte* mit den Sätzen: »Es wird zuweilen gesagt, daß die Aufgabe der Philosophie nicht darin bestehe, über die Welt zu denken und zu sprechen, sondern vielmehr darin, die Weisen zu analysieren, in denen über die Welt gedacht und gesprochen wird.« So weit, so gut, aber dann folgt: »Doch da wir offenkundig keinen anderen Zugang zur Welt haben als vermöge der Art und Weise, über sie zu denken und zu sprechen, [...].« Die Cogito-Falle: Von der Philosophie und der Philosophenphilosophie geht es in einem unbemerkten Salto mortale zu unserem Weltzugang überhaupt. Als ob das Fühlen und Schmecken, das Sich-Orientieren im Raum, das Gleichgewicht des Körpers und das Hören des Kammertons a sich unter den einen Titel des Denkens und Sprechens subsumieren ließe. Das Denken ist sprachlos: Was wird aus dem, was es entschieden nicht ist? Blieb Hume bei seinem Sprachspiel am Schreibtisch, als er meinte, nach draußen zum Tennisspielen zu gehen? Und dann »Zugang zur Welt«, einfach so, nicht zum Tennisplatz, sondern zur Welt im Ganzen. Gehört mein Gehirn zur Welt, zu dem ich als solchem notorisch keinen Zugang habe?

Mein Wille

»Wenn ein Galgen vor Ihrer Tür stünde, würden Sie sofort von Ihrem Vorhaben ablassen!«

»Ich bin mir nicht sicher. Ich kann mich einfach nicht auf mich verlassen. Schon in meiner Kindheit merkte ich, daß mein Wille seltsam eigene Wege ging. Ich habe eben einen schlechten, ja unbrauchbaren Charakter, verstehen Sie, von Natur; in mir paßt das eine nicht zum anderen, was soll ich tun. Ich rauche, aber ich will natürlich nicht rauchen, da wäre ich wahnsinnig. Und dann die anderen vielen schrägen Dinge, die ich tue. Ich lebe mit mir sozusagen unter einem Dach, schon, und die Leute draußen merken es meistens nicht, aber hier drinnen tut jeder alles nach Lust und Laune, ich wünsche, was ich nicht wollen kann, und ich will, was ich nicht wünsche. Niemand kann sich auf mich verlassen, auch ich nicht. Ich kann nichts dafür, ich bin so. – Aber das mit dem Galgen wäre natürlich hart.«

Große Themen

Gibt es das Böse? Wer weiß; jedenfalls wissen wir genau, was schlimm ist: Der Mangel an Einsicht, Rücksicht, Vorsicht, Nachsicht, Umsicht, Übersicht ist selbst und in seinen Auswirkungen schlimm. Könnte dieser Mangel eingedämmt werden, dann würde das, was man als böse bezeichnet, einfach verschwinden. Laßt uns also beginnen, den Mangel zu beheben! Für Diskussionen über das Böse sollte folgendes Argument aufbewahrt werden: Das Böse ist ein schlimmer Produzent des Bösen, denn wenn es einmal ausgemacht ist als das Böse oder gar als der Böse, dann hört alle Nachfrage nach Gründen auf und die simple Letztbegründung ist die Antwort auf alles. Warum konnte sie das nur tun? fragt der Gebildete; die Unbildung hat die Antwort vor der Frage parat: Sie, er, es ist böse, einfach so, denn jede weitere Neugier würde dem Bösen ins Handwerk pfuschen.

Das geht nicht

Wenn unsere Handlungsplanungen die verschiedenen Kontrollen durchlaufen, steht an erster Stelle die Frage der technischen Durchführbarkeit. Wer mit dem Ballon zum Mond fliegen möchte und die Kollegen von den Gaswerken fragt, wird überwiegend auf ein Abwinken stoßen: »Das geht nicht!« »Das schafft keiner!« Wer dagegen einen Betrug plant, erhält unterschiedliche Ratschläge. Zu den ablehnenden Voten gehört im Schulhof und im inneren moralischen Tribunal: »Das kann man nicht tun! Das ist unfair, unmenschlich etc.« Die Mitglieder der Weißen Rose in München merkten: Hier weiter mitzumachen geht nicht, das können wir nicht. Wenn hiermit ein Nerv der Sache getroffen ist, dann gibt es jenseits von Gut und Böse und vorher ein sehr einfaches Prinzip der moralischen Beurteilung von Handlungsplänen: Kann ich das tun oder nicht? Offenbar hat Sokrates nach diesem Prinzip gehandelt, als er Feinde der Regierung verhaften sollte und statt dessen nach Hause ging, ohne Popanz, einfach so.

Bewußtsein

Seit Descartes geht ein Gespenst um in den Köpfen der Gebildeten aller Länder: *Das* Bewußtsein. In der vorbewußten Zeit konnte man wachen und bewußtlos schlafen und träumen, man konnte bis zur Bewußtlosigkeit trinken oder vor Schrecken oder Freude ohnmächtig werden, man konnte sich wie der Jagdhund selbstvergessen auf etwas konzentrieren oder sich einer bestimmten Sache problemlos bewußt werden, unbewußt das Richtige und das Falsche tun, aber das Bewußtsein als solches gab es weder bei Tier noch Mensch. Wurde es erfunden? Wurde es entdeckt? Wachte es, sich selbst entdeckend, plötzlich auf? Hatte das Proletariat das richtige, das Bürgertum das falsche Bewußtsein? Verfügen Tiere im Wachzustand über Bewußtsein und vielleicht auch im Schlaf, wenn sie träumen oder nicht träumen? Und mein Hund in Narkose?

Bevor die Menschheit mit Hilfe der Philosophen zum individuellen und kollektiven Selbstbewußtsein gelangte, waren die Dinge übersichtlich und jedermann leicht verständlich, denn man konnte denken, fühlen und wollen und auch wahrnehmen, und man konnte merken, daß man z. B. dieses und jenes wahrnahm, man konnte es manchmal nicht merken und sich erst hinterher erinnern: Hast du nicht eben dieses oder jenes Gesicht gesehen? Wir können einigermaßen sicher sein, daß dieses Wahrnehmen, das man eigentlich nicht bemerkt oder dessen man sich nicht bewußt ist, schon den Helden von Troja widerfuhr, den Altägyptern und den Inkas in Peru. Menschen waren aufmerksam und wußten, was sie taten, oder sie waren zerstreut und merkten nicht, daß sie ihren Wagen eben nach links statt nach rechts gelenkt hatten. Alles, was man erlitt und tat, konnte bewußt geschehen, und philosophische Spätdenker konnten eben dies noch einmal thematisieren und Traktate über das Denken, Fühlen und Wollen und über die Wahrnehmung schreiben und über das Bewußtsein, das diese psychischen Tätigkeiten begleitete oder nicht begleitete. Eines scheint es jedoch nicht zu geben: Das Bewußtsein als solches, das nicht die einzelnen Tätigkeiten begleitet oder doch begleiten kann, sondern das umgekehrt die substantielle Grundlage dieser Tätigkeiten ist, kurz: Das an die Stelle der Psyche oder Seele tritt. Eben dies geschah mit der Wende zur Neuzeit; die avancierten Theorien sprachen nicht mehr von der antiken und mittelalterlichen Seele, sondern vom Bewußtsein, das nun das Denken und Wahrnehmen, das Fühlen und Wollen erst ermöglicht. Jetzt kam die kuriose Frage auf, ob dieses Bewußtsein sich nicht seiner selbst bewußt sein kann oder gar muß, denn ein Bewußtsein, das sich nicht seiner selbst bewußt ist, verdient seinen eigenen Namen nicht. Um diese neue Frage des auf sich selbst gerichteten Bewußtseins beantworten zu können, vergegenwärtige man sich:

Das Wahrnehmen läßt sich nicht wahrnehmen, sondern

nur selber tun; wie sollte auch die Wahrnehmung wahrgenommen werden? Ist sie eckig, wenn sie sich auf ein eckiges Haus richtet, und rund beim Fußball? Also: Keine Wahrnehmung kann sich selbst zum Gegenstand einer Wahrnehmung machen, und dasselbe gilt vom Fühlen und Wollen, denn auch, um nur beim letzten zu bleiben, das Wollen kann man nicht wollen, sondern entweder etwas wollen oder nicht wollen. Jetzt sind wir bei dem Punkt: Man kann etwas bewußt und konzentriert vollziehen, sich aber dieses Bewußtseins nicht bewußt werden, so wenig wie man sich auf die Konzentration konzentrieren kann. Das Bewußtsein und die Konzentration lassen sich thematisieren, aber nicht reflexiv auf sich selbst beziehen. Ein seiner selbst bewußtes Bewußtsein gibt es nicht, es sei denn als ein Phantom, über das geschrieben und nachgedacht wird, das aber den Abgrund zwischen einem Wort- oder Gedankenphantom und der Wirklichkeit nicht überwinden kann. So grandios auch die inneren Verknotungen des Nachdenkens sein mögen: Ein Bewußtsein des Bewußtseins wird es nicht aus sich herauswringen. Die Frage sollte also nicht sein, wie das Bewußtsein entstand, sondern die psychische Tätigkeit, die nur bewußt möglich ist, etwa das Vorstellen, das Entwerfen einer mentalen Arena, in der eigene Bewegungen vorgezeichnet werden. Fledermäuse scheinen über diese Fähigkeit nicht zu verfügen, wohl aber Vögel, Katzen, Hunde.

Selbstbewußt

Es soll den Adel des Menschen auf diesem Planeten ausmachen, daß er selbstbewußt, d. h. sich seiner selbst bewußt, sein kann; hierin unterscheide er sich von allen Steinen und Pflanzen und Tieren. So denken die Menschen zunächst und freuen sich ihrer weltweiten Einzigartigkeit. Wieso, fragen die Tiere, gehören wir nicht dazu? Ist der Elefant, der mit den Füßen ertastet, ob ihn die Bretter tragen werden, sich nicht seines eigenen Gewichts bewußt? Haben Hunde und

Primaten nach irgendwelchen verbotenen Untaten kein schlechtes Gewissen und kriechen demütig hierhin und dorthin? Ist das Alphatier sich nicht seines Rankingerfolgs bewußt? Wie sollte es für Ordnung in der Horde sorgen, wenn es nicht wüßte, daß ihm diese Aufgabe zukommt? Also: Der Unterschied von Mensch und Tier kann nicht im Selbstbewußtsein liegen.

Epikurs Tod

Epikur lehrte: »Der Tod geht uns nichts an. Was aufgelöst ist, nimmt nicht wahr; was nicht wahrnimmt, geht uns nichts an.« Lapidar und unwiderleglich: Es gibt den Tod nicht. Epikur konnte jedoch weder im Mittelalter noch in der Renaissance oder im Barock die Menschen überzeugen; der Tod blieb der König des Schreckens, er herrschte nicht nur im Schattenreich der Toten, sondern bestimmte auch das Denken und Tun der noch Lebenden. Am Sterbebett versammelte sich die Familie, der Hof; der Abschied erregte eine tiefe Seelenbewegung der Angst vor dem Übergang in das dunkle Jenseits, erhellt durch die Hoffnung auf den Erlöser. Die Moderne hat Epikur wiederentdeckt: Der Tod ist nichts, weder mein eigener (»Den Tod statuiere ich nicht!«) noch der Tod anderer Personen. Dem Sterbenden selbst entzieht sich sein Tod durch passende Medikamente. Die Moderne isoliert den einzelnen auf seiner Ich-Insel; man wechselt im Leben Orte und Partner und vergleichgültigt damit die Lebensbeziehungen, so daß auch der ferne Tod des andern den einzelnen kaum noch erreicht. Epikur hatte recht mit seinem unwiderlegbaren Irrtum. Durch ein ungeschriebenes, aber ehernes Gesetz untersagt die Gesellschaft, auf den Tod aufmerksam zu machen, es sei denn durch eine schriftliche Anzeige.

Abwechselung

Der Fernlastfahrer in Brasilien winkte unmittelbar vor der Hügelkuppe dem hinter ihm fahrenden Personenwagen zu – frei zum Überholen. Der Zusammenprall geschah genau neben dem Fernfahrer; im Rückspiegel sah er die beiden Wagen noch einige Zeit in Flammen. So war die Einöde der Zeit für wenige Minuten unterbrochen, aber lange Stunden lagen noch vor ihm.

Und der Zweck des Ganzen?

Nach Billionen und Abermillionen Jahren unterbrach einer der versammelten Götter und Dämonen das Schweigen und sagte, er habe sich ein Universum ausgedacht mit Zeit und Raum und Galaxien und Sonnen und Planeten, Pflanzen, Tieren und Menschen, einem Petersdom hier und der Börse in New York. Als die übrigen Dämonen und Götter sich die Einzelheiten anhörten, rieten sie ab: Zu viel Chaos; die Erde, mit deren Planung sich der Demiurg besonders befaßt hatte, sollte zwar mit einer festen Kruste, aber mit Vulkanen und Erdbeben und Überflutungen und Dürre, übermäßiger Hitze und eisiger Kälte und Orkanen gebaut werden. »Stümperhaft!« war ihr Urteil, wenn auch einige die geplante Schönheit in den Wetterwolken und den Kunstwerken der Menschen und die vielen geplanten Wirkungen des Zufalls bestaunten. Der Demiurg entfernte sich und schuf sein Universum in einem kleinen Nebenraum des Alls, das aus vier unterschiedlich dimensionierten Räumen bestand. Die übrigen Götter und Dämonen betrachteten das fertige Werk voller Skepsis, eines jedoch bestaunten sie alle: Daß es auf der Erde ein Wesen gab, das denken und fühlen und handeln konnte und das der Demiurg nicht aus Silikon und feinstem Metall und aufgelöteten Elektrozellen gebaut hatte, sondern aus einer lockeren Tiermasse mit viel Wasser, weichem Gewebe und in kuriosen rundlichen symmetrischen Formen.

Durch die Schaffung dieses geistigen Kleintieres stieg das Ansehen des Demiurgen unter den Göttern, zumal er ihnen nicht verraten wollte, wie er den Wicht zum Denken gebracht hatte. Dies wollte er nicht verraten; eine andere Frage konnte er ihnen vermutlich nicht beantworten: Wozu er das Universum geschaffen hatte, welchen Sinn dieses Ungetüm hatte. »Was soll das?« hatten sie ihm zugerufen. »Ist das alles für den Leichtsinn und Tiefsinn und Unsinn und Schwachsinn deines Denkkobolds gemacht? Werden sie dich erkennen? Werden sie dir danken? Was werden sie tun?« Weil er auf diese Fragen nicht antwortete, wandten sie sich ab von ihm und verliefen sich in Äonen des Schweigens.

Was ist der Mensch?

Eine grotesk schwierige Frage, denn niemand kann die viel einfacheren Fragen beantworten, was das Wesen eines Staubkornes ist, eines Grashalms, einer Stubenfliege oder einer Verstrahlung. Die Anfangsfrage also, was der Mensch eigentlich ist, können wir vergessen. Mit einigem Erfolg scheint der Homo sapiens sapiens jedoch allmählich in einem Punkt einige Sicherheit erlangt zu haben, rein negativ: Der Mensch ist keine Sache. Man kann ihn folglich nicht foltern, von oben zerbomben und von unten mit Landminen in die Luft sprengen, belügen oder betrügen. Jetzt brauchen wir nur noch öffentliche Kurse, in denen allen diese wichtigste Erkenntnis der Aufklärung mitgeteilt wird.

Thanatos

Gegen alle Rhetorik, gegen alles Wenn und Aber, gegen Gott und die Welt und die Menschen, wenige Worte aus Bagdad, dem Eingang zur Hölle, erschaffen aus der Achse des Bösen, jetzt, stündlich jetzt, Einhalten des Atmens und Denkens: »Wir wurden gebeten, die nächsten Verwandten vorbeizuschicken, denen man die Überreste meines Neffen übergeben könnte, der am Montag in einer entsetzlichen Explosion in der Innenstadt getötet wurde. ... So gingen wir hin, seine Mama, seine andere Tante und ich ... Als wir dort ankamen, wurden uns seine Überreste gegeben. Und es waren auch Überreste: Von der Hüfte an abwärts war alles, was sie uns geben konnten. ›Wir haben ihn anhand des Handys in seiner Hosentasche identifiziert. Wenn Sie den Rest wollen, werden Sie ihn selbst suchen müssen. Wir wissen nicht, wie er aussieht ...‹ Wir wurden fortgeführt, und schon drang ein übler Gestank in meine Nase, und ich mußte würgen. Ohne uns irgendwie vorzuwarnen, kamen wir zu einer Lichtung, die wahrscheinlich früher einmal ein Innengarten gewesen war; überall in der Runde waren Lichthöfe und Räume mit großen Glasfenstern, um die Abendbrise einzufangen, für die Bagdad berühmt ist. Aber jetzt war es ein Schlachthaus, nur daß statt der Rinder überall menschliche Körper herumlagen. Auf der einen Seite lagen vollständige Körper, auf der anderen Seite halbe; und überall Körperteile.

Wir wurden gefragt, nach was wir suchten. ›Obere Hälfte‹, antwortete mein Begleiter, da mir die Worte fehlten. ›Dort drüben.‹ Wir suchten den zerfetzten Körper unseres Jungen zwischen mehr als zehn Überresten von anderen Jungen; mit unseren bloßen Händen wühlten wir in ihnen herum und drehten sie um.

Jahrtausende später fanden wir ihn, trugen beide Teile nach Hause und fingen mit der Trauerzeremonie an.«

Das Jüngste Gericht

Als die letzte Menschengruppe von einem Hurrikan in den Himmel gewirbelt wurde, machte Gott der Geschichte ein Ende und ließ das Jüngste Gericht einberufen. Am Anfang sollte eine Kollektivklage gegen die Menschheit stehen, danach sollten die 893 Billionen Einzelverfahren folgen. Für die Kollektivklage hatten alle Erdvölker ihre Vertreter gewählt und diese wiederum als ihren Sprecher den französischen Philosophen Voltaire benannt; er schien ihnen schlagfertiger als die Bedenkenkrämer der späteren Epochen. Gott ließ zu Beginn ein Fenster im Verhandlungsraum öffnen, wies auf die am Horizont sichtbare völlig verwahrloste Erdkugel und zitierte Voltaire aus dem Gedächtnis mit dem Satzfragment »›Besiedelt und verwüstet‹! Was hat die Menschheit aus meiner Schöpfung gemacht? Wie läßt sich dieses Grauen verantworten?« Voltaire hatte mit diesem Einsatz gerechnet. »Es gibt, o Allmächtiger, mit Verlaub, keine Menschheit, das ist es ja! Vielleicht gab es sie, solange Adam allein da war, aber mit der Zweiheit folgte alles andere unabwendbar ohne ein gemeinsames Subjekt. Nicht nur der Zwist, mit ihm ließe sich leben, sondern der eigene Schmerz und das Zuvorkommen der anderen treibt die Menschen unweigerlich auseinander und gegeneinander. Hättest du dem einzelnen Menschen nicht das *eigene Leiden* und die *List* gegeben, wir könnten noch in der Nähe des Paradieses als Schafhirten leben, genügsam und gleichgesinnt, frei und gleich, wie du es dir ausgedacht hattest, mit Rebecca, der Schönen, und Jacob. Aber wenn mein Schmerz mein Schmerz ist, dann suche ich ihn mit List von mir abzuwenden, mag die Herde tun und lassen, was sie will. Als Adam sich mit dem Spaten den Fuß durchstieß, war es sein Schmerz und nicht der von Eva, und diese Trennung jedes Menschen von allen anderen gilt bis heute: Das trennende Mein und Dein beginnt mit dem Schmerz und endet beim Eigentum und Kapital, du mußt es wissen, du hast es durch die Jahrtausende verfolgt. Um den Schmerz von mir und meinen Nächsten abzuwenden, muß ich jedem anderen zuvorkommen, koste es, was es wolle; weil ich seine Gedanken und seine Listen nicht kenne, muß ich ihn töten, versklaven, global überrunden und muß für jeden Angriff gerüstet und übergerüstet sein, Liebe hin oder her. Schmerzvermeidung und globale Überrüstung mußten die Triebkräfte der blinden Geschichte werden, wer konnte je an das Ganze denken, das jetzt ruiniert vor uns liegt! Für alles andere waren die Menschen von Beginn an überfordert. Du hast deine Kreatur selbstversessen angelegt und damit dieses Ende verursacht.«

Voltaire hatte sich geschickt während seiner Rede dem Richterstuhl des Allmächtigen genähert; und als dieser aufstand und noch einmal aus dem Fenster auf den rauchenden, verwüsteten Planeten niederblickte, stellt sich Voltaire zwischen ihn und den Richterstuhl und fuhr fort: »Dein Anfang war nicht gut, wie du sagtest. Am Anfang sind die entscheidenden Fehler der Schöpfung schon alle vorhanden; gegenüber den Menschen warst du neurotisch, jähzornig, eifersüchtig. Daß der Vordere Orient in Flammen steht, war dein Werk.« Voltaire hatte während seiner Rede den Richterstuhl erreicht und sich auf ihn gesetzt. »Dies, Allmächtiger, ist *unser* Jüngstes Gericht: Wir klagen an. Die Menschheit, deine Menschheit, hatte von vornherein keine Chance. Wir konnten unsere Probleme weder mit Eifersucht und Jähzorn noch mit Nächstenliebe lösen. Du hast dich nur selbst geliebt, nicht diese Welt, die du so anlegtest, daß sie sich durch den Menschen vernichten mußte!«

Die Aberbillionen der Menschheitsversammlung erstarrten, niemand hatte mit dieser Wendung des Jüngsten Gerichts gerechnet, einzig Voltaire hatte diesen Coup ersinnen können.

Der Allmächtige sah, daß sein Richterstuhl besetzt war. Nach kurzem Schweigen, das alle Universen und Äonen durchdrang, begann er vom Himmelsgewölbe herab die folgende völlig überzeugende, von Beifallsstürmen unterbrochene Gegenrede: »[...]« (der Wortlaut ist nicht erhalten).

Das Kaleidoskop der Freiheit

»Jetzt bist du frei«, sagte das Kind zum Hund und nahm ihm die Kette vom Hals; der Hund sprang auf und rannte fröhlich im Hof hin und her. »Jetzt sind Sie frei«, sagte der Wärter zum Gefangenen und nahm ihm die Kette von den Fußgelenken. Der Gefangene stand auf und ging frei in der Zelle hin und her.

»Jetzt bist du frei«, sagte Ludwig Wittgenstein im Cambridger Selbstgespräch, hob den Deckel vom Glas und wollte der Fliege mit seiner Hand den Ausweg zeigen; aber sie war schon fort.

»Ihr Hund ist jetzt frei«, sagte der Psychotherapeut, der den Bernhardiner von einem schweren Kindheitstrauma befreit hatte. Er war ganz jung in einen Gletscherspalt gefallen und erst nach Tagen gerettet worden. Seitdem duckte er sich beklommen zur Seite, wenn er in der Ferne einen Berg sah.

Ein Freiheitsfall ist schon vor dem Beginn ausgeschieden, weil er nur metaphorisch verwendbar ist: Der freie Fall selbst. Der Stein, der im freien Fall vom Turm von Pisa stürzt und Galilei hilft, die Fallgesetze zu finden, fällt aus, weil die Bewegung durch eine Kraft von außen bestimmt wird. Es ist die Anziehungskraft der Erde; bei der Billardkugel wird die Bewegung durch den Stoß von außen determiniert etc. Wenn die Sonnenblumen nach oben wachsen und dem Lauf der Sonne mit ihren Köpfen folgen, wenn fleischfressende Pflanzen Wittgensteins Fliege fangen, dann finden sich biochemische Substanzen, die diese Bewegungen auslösen. Aber wir geben gerne zu, daß die Grenzziehung zwischen Pflanze und Fliege nicht so einfach ist. Jedenfalls schränken wir den Freiheitsbereich in Übereinstimmung mit der gängigen europäischen Meinung auf die Wesen ein, die sich selbst gemäß ihren Vorstellungen oder Überlegungen im Raum bewegen können. »Sich selbst«: gemäß ihren Vorstellungen oder Überlegungen. Der Hund assoziiert mit einem bestimmten Ort im Hof die Vorstellung von Wasser, mit einem anderen die Vorstellung lauten Lärms, entsprechend steuert *er* (das ganze Tier) seine Bewegungen.

Wie der Körper, so steht die tierische und menschliche Seele unter abertausend Einflüssen; es gibt bei Tier und Mensch pathologische Deformationen, die wir als Fesselung und Freiheitsberaubung ansehen. Tiere verlieren unter bestimmten Drogen und Alkohol ebenso wie der Mensch die Gewalt über ihren Körper, die psychische Selbststeuerung gemäß mentalen Vorzeichnungen fällt aus, und es tritt ein physiologischer Ablauf an seine Stelle; es findet keine gerichtete Handlung mehr statt, sondern ein bloßes Taumeln. Tier und Mensch können aus diesem Zustand der Herrschaftslosigkeit oder Fremdherrschaft durch bestimmte Maßnahmen befreit werden. Sie sind dann wieder frei im Vollzug ihrer natürlichen Handlungen gemäß ihren psychischen und geistigen Dispositionen. Was kommt beim Menschen hinzu?

Freier Wille

Einem freien Willen bin ich bislang in meinem Inneren noch nicht begegnet. Kann ich diesen meinen freien Willen wenn nicht erkennen, so doch fühlen? Kann ich ihn wollen, den freien Willen? Ist es ein Kobold in mir, der sich als mein freier Wille aufspielt? Falls es ihn geben sollte, entziehe ich ihm hiermit jegliche Vollmacht. *Ich* bin frei, und sonst nichts und niemand.

»Die Würde des Menschen ist unantastbar«

Das »ist« soll natürlich ein verdecktes und dadurch um so stärkeres »soll« sein, so wie beim Eltern-Machtspruch »Du bist jetzt still!« »Du bleibst hier!« »Jetzt wird gegessen!« Denn die Würde wird, wie spätestens die Morgenzeitung nachweist, permanent angetastet und ausgetrickst und in abertausend Fällen pro Tag und Nacht exemplarisch vernichtet, sie ist also keineswegs unantastbar. Der Satz formuliert also sichtlich gegen seinen Wortlaut einen Imperativ an Menschen, die in ihren Reden und Handlungen und Gesetzen und Unterverfassungen immer die Würde des Menschen als das Unantastbare achten sollen. Der Adressat sind die Menschen, nicht die Tiere, nicht der Wind oder Sturzbach. Aber wie steht es mit meiner eigenen Natur? Hält sie sich an die Verfassung der Bundesrepublik Deutschland? Achtet sie meine Würde, wenn ich im Alter die natürlichen Kräfte zum Stehen und Gehen verliere und wenn meine geistige Präsenz sich mit einem leisen »Ciao« verabschiedet? Das ist dann keine Vermutung, sondern sicher: Ich als ich bin am Ende, meine physischen und geistigen natürlichen Fähigkeiten haben mich verraten und verlassen. Dann, du ich, bediene dich deines verbleibenden Verstandes und sage im Sinne der Verfassung: »A Dios!«

»Now stopp«, said the King.

Edition Akzente

Giorgio Agamben: Idee der Prosa
Akzente – Michael Krüger: Ein Reader aus fünfzig Jahren
Jan Assmann: Die Mosaische Unterscheidung
Alessandro Baricco: Sterben vor Lachen. *Aufsätze zu Rossini, Mozart, Adorno und Benjamin*
Reinhard Baumgart: Glücksgeist und Jammerseele. *Über Leben und Schreiben, Vernunft und Literatur*
Nella Bielski: »Wer, wenn ich schriee, hörte mich denn ...« *Ein Versuch über Rilke*
Horst Bienek: Das allmähliche Ersticken von Schreien. *Sprache und Exil heute. Münchner Poetik-Vorlesungen*
Frank Böckelmann: Deutsche Einfalt. *Betrachtungen über ein unbekanntes Land*
Karl Heinz Bohrer: Die Grenzen des Ästhetischen
Karl Heinz Bohrer: Großer Stil. *Form und Formlosigkeit in der Moderne*
Karl Heinz Bohrer: Imaginationen des Bösen
Karl Heinz Bohrer: Nach der Natur. *Über Politik und Ästhetik*
Karl Heinz Bohrer: Provinzialimus. *Ein physiognomisches Panorama*
Massimo Cacciari: Gewalt und Harmonie. *Geo-Philosophie Europas*
Roger Caillois: Der Krake. *Versuch über die Logik des Imaginativen*
Italo Calvino: Kybernetik und Gespenster. *Überlegungen zu Literatur und Gesellschaft*
Italo Calvino: Warum Klassiker lesen?
Inger Christensen: Der Geheimniszustand und das »Gedicht vom Tod«. *Essays*
Robert Darnton: Der Kuß des Lamourette. *Kulturgeschichtliche Betrachtungen*
Jacques Derrida: Adieu. *Nachruf auf Emmanuel Lévinas*
Entzauberte Zeit. Der melancholische Geist der Moderne. *Herausgegeben von Ludger Heidbrink*
Vilém Flusser: Vogelflüge
Die Folgen von 1989: *Herausgegeben von Georg Kohler und Martin Meyer*
Georg Franck: Ökonomie der Aufmerksamkeit
Georg Franck: Mentaler Kapitalismus. *Eine politische Ökonomie des Geistes*
Georg Franck / Dorothea Franck: Architektonische Qualität
René Girard: Die verkannte Stimme des Realen. *Eine Theorie archaischer und moderner Mythen*
Boris Groys: Logik der Sammlung. *Das Ende des musealen Zeitalters*
Boris Groys: Topologie der Kunst
Joseph Hanimann: Vom Schweren. *Ein geheimes Thema der Moderne*
Robert Harrison: Im römischen Regen
Seamus Heaney: Die Herrschaft der Sprache. *Essays und Vorlesungen*
Seamus Heaney: Verteidigung der Poesie. *Oxforder Vorlesungen*
Gerd Henniger: Spuren ins Offene. *Essays über Literatur*

Dieter Henrich: Versuch über Kunst und Leben. *Subjektivität – Weltverstehen – Kunst*
Jochen Hörisch: Die ungeliebte Universität. *Rettet die Alma Mater!*
Werner Hofmann: Tag- und Nachtträumer. *Über die Kunst, die wir noch nicht haben*
Barbara Honigmann: Das Gesicht wiederfinden. *Aufsätze und Essays*
Felix Philipp Ingold: Der Autor am Werk. *Versuche über literarische Kreativität*
Intellektuellendämmerung? *Beiträge zur neuesten Zeit des Geistes. Herausgegeben von Martin Meyer*
Reinhard Jirgl: Land und Beute. *Aufsätze aus den Jahren 1996–2006*
Ilja Kabakow / Boris Groys: Die Kunst der Installation
Dietmar Kamper: Hieroglyphen der Zeit. *Texte vom Fremdwerden der Welt*
Friedhelm Kemp: »… das Ohr, das spricht«. *Spaziergänge eines Lesers und Übersetzers*
Danilo Kiš: Homo poeticus. *Gespräche und Essays*
Kritischer Materialismus. *Zur Diskussion eines Materialismus der Praxis. Herausgegeben von Matthias Lutz-Bachmann und Gunzelin Schmid Noerr*
Günter Kunert: Vor der Sintflut. *Das Gedicht als Arche Noah. Frankfurter Vorlesungen*
Wolf Lepenies: Autoren und Wissenschaftler im 18. Jahrhundert. *Buffon, Winckelmann, Linné, Georg Forster, Erasmus Darwin*
Primo Levi: Anderer Leute Berufe. *Glossen und Miniaturen*
Primo Levi: Gespräche und Interviews. *Herausgegeben von Marco Belpoliti*
Emmanuel Lévinas: Außer sich. *Meditationen über Religion und Philosophie*
Bernhard Lypp: Die Erschütterung des Alltäglichen. *Kunst-philosophische Studien*
Kazimir Malevič: Gott ist nicht gestürzt! *Schriften zu Kunst, Kirche, Fabrik*
Norman Manea: Über Clowns. *Essays*
Christoph Meckel: Erinnerung an Johannes Bobrowski
Christian Meier: Das Verschwinden der Gegenwart. *Über Geschichte und Politik*
Martin Meyer (Hrsg.): Vom Übersetzen. *Zehn Essays*
Martin Meyer: Ende der Geschichte?
Martin Meyer: Tagebuch und spätes Leid. *Über Thomas Mann*
Norbert Miller: Strawberry Hill. *Horace Walpole und die Ästhetik der schönen Unregelmäßigkeit*
Czesław Miłosz: Das Zeugnis der Poesie
Libuše Moníková: Schloß, Aleph, Wunschtorte. *Essays*
Harry Mulisch: Die Säulen des Herkules. *Essays*
Ivan Nagel: Gedankengänge als Lebensläufe. *Versuche über das 18. Jahrhundert*
Ivan Nagel: Kortner – Zadek – Stein
Ulrich Raulff (Hrsg.): Vom Künstlerstaat. *Ästhetische und politische Utopien*
Klaus Reichert: Die unendliche Aufgabe. Zum Übersetzen

Klaus Reichert: Der fremde Shakespeare

Klaus Reichert: Lesenlernen. Über moderne Literatur und das Menschenrecht auf Poesie

Wolfgang Rihm: Offene Enden. *Denkbewegungen um und durch Musik. Herausgegeben von Ulrich Mosch*

Florian Rötzer: Digitale Weltentwürfe. *Streifzüge durch die Netzkultur*

Edward W. Said: Der wohltemperierte Satz. *Musik, Interpretation und Kritik*

Willibald Sauerländer: Die Luft auf der Spitze des Pinsels. *Kritische Spaziergänge durch Bildersäle*

Alfred Schmidt: Idee und Weltwille. *Schopenhauer als Kritiker Hegels*

Dieter Schnebel: Anschläge – Ausschläge. *Texte zur Neuen Musik.*

Manlio Sgalambro: Vom Tod der Sonne. *Essay*

Charles Simic: Die Wahrnehmung des Dichters. *Über Poesie und Wirklichkeit*

Susan Sontag: Über Fotografie

Werner Spies: Mit Skalpell und Farbmaschine. *Porträts von Max Ernst bis Gerhard Richter*

Jean Starobinski: Melancholie im Spiegel. *Baudelaire-Lektüren*

Jean Starobinski: Montesquieu. *Ein Essay*

George Steiner: Der Garten des Archimedes. *Essays*

George Steiner: Martin Heidegger. *Eine Einführung*

George Steiner: Meine ungeschriebenen Bücher

George Steiner: Unter Druck. *Parabeln*

George Steiner: Von realer Gegenwart. *Hat unser Sprechen Inhalt?*

Karlheinz Stierle: Zeit und Werk. *Prousts »A la Recherche du Temps perdu« und Dantes »Commedia«*

Marleen Stoessel: Aura. *Das vergessene Menschliche. Zu Sprache und Erfahrung bei Walter Benjamin*

Lionel Trilling: Kunst, Wille und Notwendigkeit. *Literaturkritische und kulturphilosophische Essays*

Peter Utz: Anders gesagt – autrement dit – in other words. Übersetzt gelesen: Hoffmann, Fontane, Kafka, Musil

Paul Virilio: Der negative Horizont. *Bewegung – Geschwindigkeit – Beschleunigung*

Paul Virilio: Die Eroberung des Körpers. *Vom Übermenschen zum überreizten Menschen*

Paul Virilio: Ereignislandschaft

Paul Virilio: Fluchtgeschwindigkeit. *Essay*

Paul Virilio: Information und Apokalypse. Die Strategie der Täuschung

David Wellbery: Seiltänzer des Paradoxalen. *Aufsätze zur ästhetischen Wissenschaft*

Ernst Wendt: Wie es euch gefällt, geht nicht mehr. *Meine Lehrstücke und Endspiele*

Karl Otto Werckmeister: Linke Ikonen

Marguerite Yourcenar: Mishima oder die Vision der Leere

Adam Zagajewski: Verteidigung der Leidenschaft. *Essays*